今、学校に必要な人間関係づくり

～児童生徒や保護者および教師間のより良い関係を目指して～

岸川 央 著

はじめに

現在、九州や東北などの地方で、教員採用試験倍率の顕著な低下が見られる。これは、大量退職に伴う採用者数の増加と既卒の受験者数の減少が影響している。私が居住している九州の倍率の低さは、各自治体における教員の年齢構成の違いもその一因とされる。２０１９年度の東京、大阪などの公立小学校教員の最も多い年齢層が30代なのに対して、九州各県は概ね50代ということから、大都市圏に遅れて大量退職のピーク期を迎えつつある。そのため、定年退職者を新規採用で穴埋めせざるを得ない状況にある。

私事ではあるが、37年間勤めた教職を定年退職し、その後の4年間は教育センターの研修指導員（再任用）として、特に若手教員の研修や指導で学校に足を運ぶ機会が多かった。さらに、並行して教職を目指す学生の指導を大学2校で現在も行っており、一人でも多くの学生が力をつけ、教育現場で活躍できるよう日々指導に努めているところである。

最近、授業後の「振り返りカード」の記述を見ると、児童生徒の時期に挫折の経験をほとんどしていない学生の多さに驚かされた。また、親や周囲の大人から、ほめられ成長してきたという実感はあるが、叱られた経験がほとんどないというのだ。そのため、生徒指導の際、子どもたちをどのような言葉や態度で叱ればいいのかがわからないという声をよく聞く。人間関係づくりと生徒指導の難しさを痛感しているところである。

また、学校現場は、ここ数年間新型コロナウイルス感染症の感染拡大により、通常の学校生活がままならなくなった。学校行事の中止やオンライン授業等の影響で、人間関係が希薄になったり、関係づくりで悩んだりしている先生方の話をよく耳にする。このようななか、小・中学校や大学等において、完全ではないが対面授業が実施できるようになってきた。

今こそ、学校において、子どもたちや保護者、教職員とのより良い人間関係が図れるように、ここ数年間に不足していた関係づくりの反省と分析を行い、本来あるべき教育の原点に立ち戻ることが急務であると考える。

今、教育現場で、人間関係づくりがうまくいかなかったり、子どもたちの指導で悩み苦しんだりしている教員の皆さんが、精神的に病んだり、早期退職したりするようなことがないように、また教職を目指す若手教員が一人でも増えることを願っているところである。

今回、ここ10年間に教育雑誌等に掲載していただいた「人間関係づくり」に関する執筆内容を再編成し、『今、学校に必要な人間関係づくり』を出版することができた。

この機会に、多くの方々に本著を手に取っていただければと考えている。日々頑張っている多くの先生や保護者、指導的な立場の方、教職を目指す講師や学生の皆さんの少しでもお役に立てれば幸いである。

◆目　次

Ⅲ　教師間のより良い人間関係づくり

本書は、（一社）日本図書文化協会発行の雑誌『指導と評価』並びに、２０１４年に発刊した『教育の責任』で執筆した内容に加筆修正等を行い、再編集したものである。

若手教員の支援と育成

ここ数年は、退職者の増加に伴う新規採用教員（以下、新採教員）の大量採用により、学級経営や授業研究、生徒指導等に関する若手教員の指導や育成を目的に学校訪問の機会が増加している。ここでは、新採教員を中心とした若手教員の最近の傾向および一人前の教員へと成長させるための対応策について考えてみる。

1　若手教員の傾向と課題

教育現場の若手教員の大半は、教育活動に汗を流し、日々研鑽《けんさん》に努めている。特に、新卒の教員は、教育への情熱に満ちあふれ、子どもたちと接することが好きで、活力のある人材として期待されている。

しかしなかには、児童生徒や保護者とコミュニケーションが十分に図れない者もいる。特に講師経験がない新卒の教員においては、授業中に子どもたちとどのように接したらよいのか、また、保護者にどのように対応したらよいのかなど、方法が見えずに苦しんでいる者が少なからずいる。

若手教員の傾向に関する具体的な声として、「知らないこと、わからないことに対して、周りの教員に尋ねたり、自分で調べたりするなどの姿勢があまり見られない」「職員室においても、教員同士で日常的な会話を積極的には行わない」、また「子どもの気持ちが理解できないうえ、悪い点ばかりを指摘し、ほめることをしない」「保護者の気持ちが理解できないうえに、わかろうと努力しない」などの意見をよく聞く。さらに「授業の進度ばかりが気になり、子どもを指導する場面において、優先順位を考えることができない者や気にしない者がいる」「子どもに厳しく指導すべき場面において、指導方法がわからない者や叱れない者がいる」といった意見も耳にする。

現在の中学生を見ても同様の傾向があり、規範意識や公徳心が向上した反面、「言葉による自己表現や人間関係の構築が苦手」や「自主性の欠如」が指摘されている（２０１７年度全日中校長会「調査研究報告書」より）。

そこで、学校においては、この児童生徒の課題解消に向けた長期的な取組と同時に、若手教員の支援と育成を、校長を中心に組織的に推進しなければならない。

「今年度の新採は、自分勝手で、なかなか指導が入らない」と校長の愚痴を聞くことがあるが、教員採用試験に合格したからと期待する基準を独自に設け、嘆くようなことがないようにすべきである。新採教員は、経験を積んだ教員と違い、まだまだ未熟なため、学校には一人前の教員に成長させる責任がある。

また、最近の若手教員の中には、「子どもがあまり好きではない」と発言する者もいるようだ。繰り返し指導しても改善が図られず、結果的に子どもたちにとってマイナスにしかならないようであれば、早い段階で職業の見直しを図ることも選択肢の一つだと考える。

2　若手教員の指導と育成

若手教員の力量形成のための組織的な対応には、学級経営力、生徒指導力、コミュニケーション力、地域・保護者との連携力、自己研修力等が求められる。

⑴　キャリアステージの設定

福岡市教育委員会では、「福岡市教員育成指標」（平成30年3月）を策定し、教員（教員志願者）が、どのような資質・能力を身に付けながらキャリアを積んでいくべきかを示している。各教員が学び続けるための目安にできるように、求められる資質・能力をキャリアステージごとにまとめ、教員の経験や力量に応じて、「六つのステージ」を設定している。教育委員会と現場は、連携して教員の指導力の向上に努めている。

①養　成　期……教員になるための基盤を形成する段階
②基礎期(習得)……学級担任、教科担任等としての基礎を習得する段階
③基礎期(確立)……学級担任、教科担任等としての基礎を確立する段階
④深　化　期……若年層教員等へ指導助言できるミドルリーダーとしての役割を果たす段階
⑤充　実　期……学年・教科等をこえて指導助言できるミドルリーダーとしての役割を果たす段階

⑥発展期（①・②）…教職員全体に対して指導助言できるリーダーとしての役割を果たす段階（※発展期②管理識）

①養成期（「福岡市教員育成指標」６項目のみ抜粋）

■教職の素養に関する資質・能力

「教育的愛情・情熱」：一人一人の生命や身体の安全を確保するとともに、個性や思いを大切にする気持ちをもっている。

「向上心・向学心」：教員として必要な資質・能力を身に付けるために、学ぶ意欲と志をもち、自ら学んでいる。

「社会性・協調性」：他者との関わりやコミュニケーションの基礎・基本を身に付けている。

■教職の実践に関する資質・能力

「学習指導力（授業構想）」：学習指導要領の各教科等に関する内容を理解し、単元や一単位時間の指導計画を立案することができる。

「生徒指導力（児童生徒理解）」：一人一人の特性や個性を把握することの重要性を理解し、その手法を身に付けている。

「組織参画力・組織運営力（危機管理）」：危機を予測し、未然防止の在り方について理解している。

指導者は、このような「指標」を教員に認識させることで、ゴールを明確にしなければならない。また、指導者が定期的に目標の達成度を評価することで指導を効果的に進めることができ、校内でのＯＪＴにおける組織的な人材育成にも有効であると考える。この指導と評価の積み重ねが、若手教員の教育活動への自信を生み、成長へとつながる。

私が退職後に務めた教育センター研修指導員は、㋐1年次教員の「センター研修講座」担当（指導）、㋑学校訪問による1年次教員の授業研究および指導（校長による教員評価・ＯＪＴ・教員育成評価をもとに指導）、㋒初任者指導教員（退職校長等）と連携し、指導・支援、㋓指導力不足や気になる若手教員の指導（校長依頼によるもの）などを行っている。

⑵ 指導・支援の流れ

「やってみせ、言って聞かせて、させてみて、ほめてやらねば、人は動かじ」（山本五十六の名言）先輩教員が、一つ一つ丁寧に指導・支援していくことで、新採教員の成長へとつなげていく。「話し合い、耳を傾け、承認し、任せてやらねば、人は育たない」ということである。

① **「やってみせる」**：実際にやってみせ模範を示す。説明だけでは理解できない点については、モデルを提示しシミュレーションさせることで、イメージ化を図る。

② **「言って聞かせる」**：先輩教員は、仕事の手順について具体的にレクチャーしていく。理解度には個人差があるので、新採教員に応じた説明を行う。

③ **「させてみる」**：実体験させることで、確実に習得させるように働きかけ、細かく指導していく。

④「ほめてやる」：学びの過程において、評価場面を設定し、周りから努力点や改善点を評価されることで、今後の活動に反映させることができる。ほめ、励ますことを絶対に忘れてはならないのである。

⑶ 教育現場における不安感の排除

管理職や先輩・同僚教員との人間関係づくりとアドバイス

ベテラン教員であっても、人事異動があると、赴任校では軌道にのるまでに時間が必要で、ストレスも蓄積するものだ。ましてや新卒の教員にいたっては、ほとんどが未知の世界であり、右も左もわからず、何をすればよいのかわからないときもある。

そこで、重要となるのが、**職場の教職員との人間関係づくり**である。

教育活動に不慣れな新採教員は、期待と不安が同居している。そのため、先輩教員や同僚が、公私ともに相談にのったり、指導やアドバイスを丁寧に行ったりすることで、不安の解消につなげてほしい。その旗振り役は校長であり、教職員同士の人間関係づくりと安心して相談できる学校風土を確立してほしいものである。

新採教員は、仕事の経験を積むだけでは、十分には成長できない。教員一人一人には個人差があり、生徒指導・教科指導の方法、学級経営、人間関係づくりなどにおいて、その教員に合った方法や技術を磨いてあげることが必要であり、それが自信につながるのである。

(4) 若手教員のやる気

では、若手教員はどのようなときにやる気がでるのだろうか。

①先の見通しが立った場合

頑張ればうまくいく、十分にできそうだと思うと、やる気がでる。また、何をどうすればいいのかがわかると、やる気がでる。

②自分の仕事に自信がもてた場合

仕事が面白い、自分は期待されている、成長していると感じると、やる気がでる。また、自分で決めたことだからと思うと、やる気がでる。

③人間関係が安定している場合

仲間との一体感を感じ、安定した人間関係が保たれると、やる気がでる。また、周りから関心をもたれていると感じると、やる気がでる。

3 教職を目指す大学生への指導

私は、37年間の教職経験を生かし、教員を目指す大学生への授業を行っている。4年生は、翌年度4月から教職に就くことへの楽しみや不安を抱きながら、期待に胸をふくらませている。しかし、現在、教育現場においては、いじめ問題や不登校への対応、保護者からの苦情対応、特別支援教育の充実、学力向上と進路実現などの課題が山積しており、教職員は苦労している。

この教育現場の課題の一端を学生に説明すると、大学では具体的な対応策を学んでいないため、教職に就くことへの不安を感じる学生も多い。

現在、新採教員の中には、「大学で学んだこととは違うと、リアリティ・ショックを受け、感情をむき出しに興奮し自己主張する者もいる」ということをよく耳にする。

そこで、教員採用後に感じる不安感を少しでも取り除くために、私は大学の授業で、教育現場の課題の提示と具体的な対応策について考えさせている。グループ討議で他の学生の捉え方や意見交換を行うことで意識づけを行い、最後に、課題解決の具体策を説明し、就職に備えてシミュレーションを行っている。

具体的な授業内容としては、「自分が目指す教師像」や「実際に起こったメール等によるいじめ問題への学級担任としての対応」「保護者からの苦情への対応」等の数多くの実践例をあげることで、解決方法へと導くようにしている。これを行うと、学級担任になった際、自力で問題解決する自信がない旨の感想を学生はもらす。しかし、「学校は校長を中心に組織的に機能しており、チームで問題解決している」ことを話すと、安堵した表情を見せる。就職し経験値を数多く積み重ねることで、問題解決力を身に付け、子どもたちのために一人前の教員へと育ってほしいものだ。

I

児童生徒との より良い人間関係づくり

1　生徒指導は「人間関係づくり」から

教育現場では、特に経験の少ない若手教師が、問題を起こした児童生徒に対して、「生徒に指導を行いましたが、本人が認めません」とか、「何度言っても反省しません」「言うことをまったく聞きません」などと、自信喪失している場面を目にすることがある。

しかし、生徒指導で子どもの考え方や行動を変容させるためには、教師と子どもとの日頃からの信頼関係づくりの積み重ねが不可欠である。すなわち、**『人間関係ができていない状況で行う指導は、生徒指導とは言わない』**ということである。

例えば、A、B、C3人の教師が、ある生徒の指導を行った際に、まず教師AとBが対応したが、生徒は興奮してまったく受け入れる様子が見られないのに対し、教師Cが対応すると落ち着いて話を聞き、心より反省し、今後頑張る旨を約束するという場面に遭遇した経験はないだろうか。なぜ教師Cだけが、うまくいったのだろうか。

この教師Cは、常日頃から子どもたちとのより良い人間関係づくりを意識し、子どもたちを理解しようと努力し、子どもたちから逃げずに真剣に根気強く関わってきた。このような常日頃の行いがあったから、この結果につながったわけである。学校にとって教師Cは、なくてはならない大きな存在である。私自身を振り返ると、生徒指導主事や生活補導主事を10年以上務め、数多くの生徒指導を経験してきた。しかし、若い頃には失敗の経験もした。そのたびに先輩たちから多くを学び、積み重ねることで、指導の場面で生かすことができたと考える。

若手教師は経験を積んでいないからこそ、遠慮せずに多く質問したり、先輩の生徒指導場面から学んだりする機会を自ら積極的につくる必要がある。自分の将来像の実現に向け、自ら切り拓く心構えと意欲が必要になる。

また、腹をわって相談できる比較的年齢の近い先輩や同僚の存在が必要である。管理職や先輩教師も、自らの責任として、気軽に相談にのったり、助言や支援ができたりするような人間関係をつくらなければならない。

●朝の挨拶

われわれ教師は毎朝、登校する生徒に校門で「おはよう（ございます）」と大きな声で挨拶をする。生徒が挨拶をしてもしなくても、継続することで、子どもの表情や仕草から、健康状態や心の変化に少なからず気づくことができるようになる。

児童や生徒はまだまだ未熟である。だから生徒からすれば嫌いな教師がいてもおかしくはないし、嫌いな教師に対して挨拶しない生徒がいても不思議ではない。しかし、われわれ**教師は「教育のプロ」である。生徒が自ら壁をつくることがあっても、教師が生徒に対して壁をつくることはあってはならない**。生徒がつくった壁に対して教師は、毎日挨拶を繰り返したり、日頃の学校生活の中で声かけをしたりするなどして、その壁を少しずつでもいいから壊していくように努力しなければならない。挨拶が返ってこない生徒には、学校生活の中で積極的に関わり、少しずつでも話ができる関係が確立するよう努力しなければならない。

また、教師や保護者をはじめとした大人は、ついつい子どもの悪いところに目が向き、やかましく言ってしまう傾向にある。子どもとの人間関係づくりの重要な点は、子どもの悪いところではなく、良いところを探そうとする意識を常にもつことである。問題を起こす子どもにも必ず良いところがある。その良いところを認め、ほめてやることで、子どもは自信をもち、自己の成長につなげることができる。その結果、関心を示さなかった生徒がこちらを向いたり、目が合ったりすることで、ごくわずかではあっても、その成長した姿に教師としての喜びを感じるのである。

2　より良い人間関係づくりのための基本姿勢

⑴　良いところを認めてあげようとする意識を常にもつ

教育現場の教師にとっては、児童生徒や保護者、地域住民、さらに教師同士など、人と人との関係づくりが重要視される。人間関係づくりがうまく図れないために、通常であれば順調に進むはずのものが停滞したり行き詰まったりする。そこでここでは、教育活動をスムーズに推進させるための「より良い人間関係づくり」について、日頃から「心がけなければならない基本的な姿勢」について考えてみよう。

子どもは、教師や周りの子どもたちから、自分の良いところを認められると、自信をもち、表情が明るくなる。また、その子どもの自尊感情が高まると、今まで以上に積極的になり、家庭においても同じことがいえる。

多くの教師は、子どもの生活態度や服装などの悪いところに目が向きがちだ。朝の登校指導において、いきなり生徒をつかまえて服装違反をとがめ、厳しく指導する場面を目にすることがある。しかし、日頃から挨拶の指導を行っている教師であれば、当然朝は「おはようございます」や「おはよう」の挨拶から始めるべきだ。気持ちよく挨拶を交わしたうえで指導に入るのと、挨拶をせずにいきなり指導に入るのでは、指導を受ける子どもの態度にも違いがでてしまう。いきなりやかましく指導されると、生徒も引くに引けず、売り言葉に買い言葉で、両者の関係がぎくしゃくし、良くなるものも良くならない。

また、日頃おとなしく、授業中ほとんど発表をしない子どもが、挙手することがある。この子にとっては、今回大きな決断をして勇気を振り絞った結果だ。日頃から子どもたちの行動にしっかりアンテナを張っている教師であれば、学級集団の大半の子どもが挙手していたとしても、その子の行動に気づくはずである。そして、意図的にその子を指名し、たとえ発表した内容が問違っていたとしても、その発表内容を否定することはない。否定すると、その子どもは二度と発表できなくなってしまう。どの子どもにとっても同様だが、発表内容にかかわらず、次につながるプラスの評価を行うことが重要だ。子どもの自尊感情を高めるためにも、われわれ教師は、良い点や頑張った点を見落とさずに認めてあげるという意識を常にもち、子どもたちに接する必要がある。日頃から教師と子どもの人間関係（信頼関係）ができていれば、多くの指導場面で、ぎくしゃくするようなことはなくなり、素直に教師の指導を受け入れてくれるものだ。

また、子どもが学校生活の中で良かった点や、頑張った姿に気づいたときには、帰りの会や学級通信等で、学級の子どもたちに発表し、全員で賞賛するといい。さらに**その日のうちに、その子の保護者へ電話を一本かけ、その内容を報告することは、保護者との信頼関係づくりには不可欠**である。保護者は、学級担任からの電話があると、まずはわが子が問題を起こしたのかと受け取る。子どもの頑張りを賞賛し、保護者と共有することで、悪い気がする保護者はいないし、保護者との信頼関係が一段と深まるうえ、家庭での親子の会話にもつながる。万が一、子どもが問題を起こした揚合でも、保護者の協力が得られ、スムーズに問題解決につながることが多い。問題発生時にしか保護者に連絡していない先生方は、ぜひ試してみてほしい。

また、学級の中には、時間を守り服装違反や忘れ物などがなく、あまり目立たない子どももいる。そのような子どもへの声かけを意識的にしているだろうか。真面目に行動しているからと、見過ごしている子どもの中には、精神的にギリギリの状態で登校してきている者もいる。そこで例えば、掃除時間などにコツコツと地道に頑張っている子どもなどには、「いつも真面目に頑張ってくれてるね。ありがとう」などの声かけをすることで、先生は自分のことをちゃんと見てくれているんだと、ほめられたことで自信につながる。このような日々の細かい言葉かけが子どもたちを成長につなげることができる。

(2)「ほめる」ことで成長につなげる

くり返しになるが、子どもの良いところや頑張りに気づいた際には、その機会を逃さず、「ほめる」ことが大切だ。

大学の講義の中で、**小中学生時代に、学級担任や部活動の顧問からほめられたことで、大きな自信につながり、その後の原動力になった経験をもつ学生が少なくない**ことを知った。教育現場での教師の言葉かけがいかに重要であるかがうかがえる。

また、公立学校や教育委員会勤務時に、体罰を行った数人の教員を指導した際、「子どもをほめたことがほとんどない」という回答に驚いた。私は、学校現場において教職員と共に実践した、子どもの良い点を見つけ「ほめる」ことと「より良い人間関係づくり」の重要性およびその教育的効果を実感している。

教師が子どもに接する際には、その言葉かけは子どもにとって意味のある、心に響くものでなければならない。教師の言葉かけ一つが、子どもにとっては大きな力となり、それ以降の成長に影響を与える。言葉かけを間違えると、今まで積み重ねた教師と子どもとの人間関係（信頼関係）すら簡単に崩れる原因になってしまう。愛情をもって「ほめる」ことで、子どもの自己肯定感を高め、元気づけることができ、やる気にもつなげることができる。

●子どもを「ほめる」ポイント

①子どもの長所を探し、ほめる

教師は、子どもをほめる重要性について理解していても、ついつい服装違反や言葉遣いなどの悪い点ばかりに目が向きがちだ。子どもへのまなざしを短所・欠点探しから、長所探しに改めることが大事になる。そうすることで、子どもの良さが発見でき、それをほめることで子どもの成長が期待できるうえ、教師との人間関係も良好になる。

②子どもの行動とその価値についてほめる

子どものとった行動の価値については、理解できるように丁寧に伝えることが重要である。その内容を、ホームルームや授業、部活動などの中で、周りの子どもたちにも広く伝え、全員で拍手したり本人に挨拶をさせたりすることで、行動の価値に気づかせることができる。この積み重ねにより、子どもは相互にほめ合ったり認め合ったりする姿勢を自然に身に付けていく。

③行動については、より具体的にほめる

「よく頑張ったね」や「よくできました」などの教師の一言でも子どもにとっては大きな励みになる。しかし、より効果を高めるためには、例えば、「バスケットボールがうまくなったね」だけではなく、「あれだけ確率の良いシュートが決められたのは、よほど努力をしたんだね」と、より具体的な言

葉かけを付加することで、子どもは自信をもち、さらに練習に励むことができる。

④タイミングよくほめる

子どもが頑張っている姿を見つけたときには、その場でほめることが重要だ。忘れた頃に「あのときは頑張っていたね」と言っても、間が抜けてしまい、子どもは「なんで今頃なの」とか「では今はどうなの」と思い不信感につながりかねない。時間をおかずに、タイミングよくほめることで効果が上がる。

⑤努力のプロセスをほめる

日頃から自分の意見を述べたり、リーダー性を発揮したりして目立っている子どもは、ほめられるチャンスも多いだろう。しかし、引っ込み思案で日頃目立たない子どもは、どちらかというとほめられた経験が少ないものだ。そこで、教師が観察力を身に付け、小さくてもいいのでその子の良さに目を配りほめることで、自信をもたせる機会を増やすべきだ。また、周りの子どもと比較するのではなく、成果につながらなくとも、その子自身の努力の積み重ねを見逃さず、そのプロセスに目を向けほめてあげることが重要であり、それが今後の大きな励みにもなる。

⑥小さな努力や良さをほめる

ほめると言われても、「どこをほめるのか見つけられない」という先生もいるだろう。特別なことをしたときだけほめるというスタンスにとらわれてはならない。その子どもの小さな努力や良さに気づいたときには、積極的にほめるようにしよう。「人の話をきちんと聞いている」「いつも時間を守れている」や「いつも笑顔で挨拶できる」など、探せばほめることはいくらでも見つかるはずだ。

⑦ほめる場を考える

皆の前でほめることは効果絶大だ。しかし逆効果になる場合もある。一人の子どもを皆の前でほめたことで、周りの子どもからの嫉妬を受け、最悪の場合いじめにつながることも考えられる。その教師の伝え方にもよるが、全体の場で話す必要があるのか、それとも子ども本人を励ますだけのものかなど、教師の判断が求められる。要するに、別の場所で一対一でほめるのが効果的なのか、全員に伝えることで皆が賞賛し納得できるものなのかなどを明確にする必要がある。

⑧自信をもってほめる

ほめたけどうまくいかなかった。あまり上手にほめることができなかった、などの経験をした先生もいるだろう。

教師自身にとって、子どもの行為がすばらしくぜひ高く評価したいという気持ちが強ければ、自信をもって本人に明確に伝えなければならない。ほめることに慣れていない若手教師の中には、照れて小声になってしまうことがある。子どもの成長に必要だと強く感じたのであれば、本人にわかるように伝える必要がある。口ごもっていると、子どもは何を言われたのかわからず（ほめられたのかすら理解できないことも）、中途半端な受け止めになってしまう。

⑨「ほめる」ことと「おだてる」ことは区別する

「ほめる」目的は、子どもを成長させること。他方「おだてる」目的は、最終的に教師自身の利益につながることが多いと考えられる。特にたたえる必要のない者や力関係の上の者をもち上げるためなのがほとんどである。教師がその子どもとの人間関係をうまくつくれずに、その子の方が強い立場にいる場合、気をつかいすぎてしまうと本人との関係はますます悪化し、正常な関係に戻せなくなる。「ほめる」と「おだてる」を区別し、子どもの成長にプラスかどうかを勘案して対応すべきだ。

もし生徒指導がうまく進まない場合には、一人で抱え込まずに学年主任や管理職等に相談し、チームで対応することが重要となる。

⑩次のステップへつながるようにほめる

努力に対する賞賛の言葉かけで自信につながる子どもは多いはずだが、あくまでも子どもは成長過程にあり、そこが最終到達点ではない。一つの段階をクリアしたら、次のステップへと導くのが教師の役目だ。子どもは教師から認められることによって、自分の強さや能力に気づき、次のステップへ進むための意欲を喚起することができる。

例えば、日頃あまり目立たない引っ込み思案の子どもが、合唱コンクールのパートリーダーの役目を全うした際に、「合唱コンクールでは、パートリーダーとして頑張ってくれてありがとう。ご苦労さまでした。おかげで学年優勝を勝ち取ることができました」というほめ言葉のあとに、「今回、皆をひっぱることができ、リーダーとしての力が備わっていることがわかったので、次は、学級のリーダーとしても頑張ってほしいと先生は考えているよ」とその子どもの実力を認め、新たな目標を示すことで、次のステップへの意欲づけになる。

(3)　愛情をもって「叱る」

「叱る」と「怒る」を同じものだと誤って認識している人は意外に多いのではないだろうか。**「叱る」と**

は、子どもの誤りを指摘し、理解させ反省させたうえで奮起を促すためのものであり、子どもをより良い方向へ導くことが目的だ。そのため、叱る際には、「厳しさの中にも、愛情が必要」となる。

一方、「怒る」は、あくまでも自分を肯定し鬱憤《うっぷん》を晴らすためのもので、子どもの成長を考えているのではなく、怒る側の自己満足でしかない。そういう意味で、「叱る」と「怒る」は区別しなければならない。要するに、「叱る」も「ほめる」と同様、子どもを伸ばし成長させるためのものであることを認識しておく必要がある。

●子どもを「叱る」ポイント

①心して本気で叱る

子どもを叱るという行為は、想像以上に労力を要する。子どもの成長を考慮しているとはいえ、うまく運ばなければ人間関係が壊れる原因にもなるため、心して本気で叱らなければならない。

また、叱る内容が子どもの責任によるとはいえ、日頃からその子にどのように関わってきたのかという教師側の指導が問われることになる。そういう意味で、教師の責任として、厳しさの中にも愛情をもって育てようとする意識を常にもつことが重要になる。

②事実関係を明確にしてから叱る

問題発生時の指導の際、事実関係を曖昧《あいまい》にしたまま、周りの少数意見だけによる判断や思い込みで指導に入ってはいけない。もし事実と異なった場合、子どもや保護者との人間関係にヒビが入り、これまで築き上げてきた信頼関係を失うことになりかねない。さらに人権問題に関わるなど、謝罪ではすまない取り返しのつかない大きな問題を残すことにもなる。これでもかというくらいに細かく調査し、指導方法を綿密に検討したうえで、確信をもって指導に入るべきだ。経験の浅い若手教師の場合は、先輩教師や管理職等の指導を仰ぎながら、経験を積むことでうまく対処できるようになっていく。

③叱る理由を説明する

どんな理由で叱られているのかが伝わらなければ、反省を促し今後の成長につながらない。また、子どもの中には、別に理由があって今回の行為に至った者もいるので、その理由を考慮し、言葉を選んで指導しないと、子どもの育成にはつながらない。その行為が許せないからといって、いきなり叱ることは避け、細かい内容まで把握したうえで、丁寧に理由を説明し納得のいく指導をすべきだ。

④人数に応じて叱る場を考慮する

子どもの中には、大勢の前で叱られると、体面をつぶされたとか恥をかかされたと捉えてしまう者が往々にしている。その結果、指導以前に教師と子どもの間に壁ができることがある。特に、複数人を叱る場合には、最初に個別指導を行うべきだ。一対一の対面指導で子どもの気持ちを十分に聞きとり、注意点や今後の行動等について丁寧に指導しながら、表情を細かく観察し納得しているのかを判断する必要がある。子どもにとっては、周りに知られたくない内容もあるため、周到な準備が必要となる。そして、個々の指導後に言葉を慎重に選び、全体指導を行うべきだ。

⑤叱るが、怒らない

指導の際、教師は客観的な見方で接し冷静な対応が要求される。教師の中には、ついつい熱が入り、興奮して感情的になり、結果的に怒っている場面を目にすることがある。あくまでも、叱る行為は、子どものより良い成長が目的であることを肝に銘じ、常に冷静に対応すべきだ。

⑥過去の出来事を蒸し返さない

新たな内容で叱る場面では、過去に指導した出来事を蒸し返さないことが重要となる。例えば、「廊下を走ると、他の人と衝突して大怪我をさせたり、自分自身も怪我をしたりして危険だから静かに歩きましょう」という安全面の指導に焦点化すべき際に、「以前指導した授業時の忘れ物や服装違反などの時と同じで、ルールを守ろうとする意識が低いから、何度も注意を受けるんだ」などと過去の出来事も取り上げてしまうと、子どもは何で叱られているのかがわからなくなってしまう。「いま関係ないのに」と不信感を抱くことにもつながってしまう。まだ改善されていなくても、別の機会に指導しよう。反対に、改善への頑張りが見られるのであれば積極的にほめることも必要だ。

⑦他の者と比較しない

例えば、「A君の成績はぐんぐん伸びているね。それに比べて、B君はまだまだ努力が足りないね」などと、A君をほめ、B君を叱咤するつもりでかけた言葉でも、B君にとっては日頃から親しい友達と比較されたことで、心に大きな傷が残ってしまう。教師が良しとした言葉かけがマイナスにしか働かないため、教師への不信感につながり、B君のみでなく周りにいた子どもたちも、それ以降話に耳を傾けなくなってしまう。このような配慮不足の叱り方は、逆効果にしかならない。

⑧逃げ道を確保しておく

子どもを指導する際、いきなり大声で怒鳴りつける教師がいる。絶対に許せないという正義感の強さからか頭ごなしに叱るわけだが、罪の大きさを自覚させようとがんじがらめにして追い込むことは避けなければならない。子どもの立場からすると、教師の一方的な指導によって言い分も聞いてもらえないとなれば不満が蓄積する。そのうえ保護者の信頼をも失うことにつながってしまう。子どもにも言い分があり、そうなった経緯を聞いてあげる教師側の心のゆとりが必要となる。話を聞くうちに、新たな事実が判明したり、心から反省する姿が確認できたりすると、指導の中で子どもへの言葉かけも変わってくるはずだ。

また、反省を促すのみでなく、最後に、「今後の君の行動に期待しているよ」「信じているからね」などの励ましの一言が信頼関係を深めることにつながり重要となる。

⑨自分の気持ちを伝える

教師が子どもを叱る際には、子どものマイナス面を改善し、プラスに転じることを強く願っているはずだ。教師自身人生の中で、子どもと同じような失敗の経験を思い出すことがあるだろう。自分の過去を振り返り、当時どのように考えて改善を図ったのか、また教師や親のどのような言葉が改善のきっかけになったのかなどを、腹をわって正直に伝えることが子どもの心にしみる効果的な方法だと考える。

⑩アフターフォローが重要

子どもを叱った後に、その指導が適切であったのかを経過観察（フォローアップ）する必要がある。その子の反省状況や行動を確認することで、指導の効果を見ることができる。反省の様子が見えない場合には、再度、指導したり叱ったりする必要がでてくる。教師側も指導の不十分さを反省し、その子に応じた細かいアフターフォローを考えないといけない。しっかり時間を取り、話をすることが重要である。

また、叱った後しばらくは、教師を目にした子どもは気まずさを感じやすい。その際、教師は叱ったことには触れずに、何もなかったかのように、普段と変わらない声かけをするといいだろう。そうすることで子どもの中の気まずさは徐々に払拭《ふっしょく》されていくはずだ。

(4) 「叱る」ときこそ、心掛けること

「叱咤《しった》激励」という言葉をよく耳にする。「叱咤」とは、大きな声で叱り励ますこと。「激励」は、文字通り相手を励ますことだ。また、「鼓舞」(励まし奮い立たせる)という言葉に置き換えることもできる。要するに、「叱咤激励」は、「ただ叱るだけではなく、子どもの成長を強く願い応援する気持ち」を表しており、叱り励ますことで元気づけ、やる気を起こさせるために行うものだ。しかし、言い方により、子どもが励まされたと受けとめていない場合は、逆効果となってしまう。

ほめられて気分を害する子どもはほとんどいないが、叱られたことで、教師との関係がギクシャクしたり、それ以降の指導がうまくいかなくなることがある。そのため、私も教職に就いているとき、叱る際は、最後に、その子どもの良いところをほめ、締めくくるように努めてきた。例えば、①「叱る」→「ほめる」…「今日の試合はシュートミスが多かったな。でも、前の試合より積極的になって動きはとても良かったよ」。②「ほめる」→「叱る」→「ほめる」…「理科実験では、回路図は丁寧に描けていたけど、残念なことに電流値や抵抗値の計算ミスが多かったね。実力があるんだからあわてず慎重に計算するとできるはずだよ」。子どもにとっては、叱られたが、「ほめる」ことを組み合わせることで「先生は自分のことを信じてくれている」「今後は同じ過ちを繰り返さないようにしよう」など、反省とともに指導を素直に受け入

れ、前向きな気持ちになるよう効果的に導くことができる。

エリック・バーン博士（カナダの精神科医）が提唱した研究の中に、**『ストローク理論』**がある。これは、「他者の存在を認識する行動や働きかけ」という意味で、肯定的（プラス）ストロークと否定的（マイナス）ストロークに分類される。博士は、「人はストロークを得るために生きる」とも発言している。要するに、我々は人間関係づくりの多くの場で、ストロークをたえず行っているということだ。

さらにストロークには、条件付きストローク（相手の行為・行動に対して与えられるストローク）と無条件ストローク（相手の人格や存在に対し与えられるストローク）の二つの重要な概念があり、肯定・否定×条件付き・無条件の4種類に分類される。例えば、「宿題をしてきたからほめる」「バスケットボールの試合でシュートが決まったからほめる」などの条件を達成しなければほめられない場合、子どもは常に条件ばかりが気になり、できなかった自分はダメなんだと思ってしまう。また、子どもは肯定的ストロークを与えられないと、服装違反をしたり言葉遣いが乱暴になったりと目立つ行為に走り、否定的ストロークでもいいから大人に関わってもらおうとする。「叱る」ときのポイントでも述べたように、「ほめる」と同様「叱る」も愛情が伝わるものでなければならないという意味で、肯定的ストロークにあたる。否定的（マイナス）ストロークは控え、肯定的（プラス）ストロークで接することが重要となる。

最近、小・中学校訪問で、校長や生徒指導担当者から、**「I（アイ）・メッセージ」**（トマス・ゴードン博士の書籍「親業」より）のキーワードを耳にすることが増えてきた。

その際、心に響く指導の在り方として、「Ｙｏｕ（ユー）・メッセージ」ではなく、「Ｉ（アイ）・メッセージ」が有効だと語っている。例えば、「君は、掃除時間におしゃべりしていつもサボってばかりじゃないか（ユー・メッセージ）」ではなく、「私は、掃除に一生懸命取り組む君の姿を見たいな（アイ・メッセージ）」。また、机の中を片付けずに乱雑にしている生徒に、「君は、だらしないな（ユー・メッセージ）」ではなく、「（私は）机の中が整理されていると嬉しいな」や「整理してほしいな（と私は思っている）（アイ・メッセージ）」のように私を主語にして想いを伝える方が、子どもの心に響きプラスの変化が見られるようになる。「無条件の肯定的（プラス）ストローク」と「I（アイ）メッセージ」を意識した指導を心がけるようにしよう。

3　中学校でコミュニケーション力を育てる

【要旨】

★学力向上は、αノートを活用した家庭学習の充実と学級集団づくり（ソーシャルスキルトレーニング・構成的グループエンカウンター等を取り入れた学級活動や道徳）により達成できる。

★αノートは、生徒と学級担任、保護者と学級担任、親子をつなぐコミュニケーションツールである。

★中1ギャップ解消のためには、新入生交流会での人間関係づくりと春休みの宿題が効果的である。

★人間関係づくりの取組により、不登校生徒が減少し、遅刻者・服装違反者がいなくなった。

(1)　人間関係づくりと家庭学習を基盤にした学力向上の取組

新学習指導要領では、これまでと同様に、子どもの「生きる力」の育成を基本理念に据え、とりわけ「確かな学力をはぐくむ」ことを目指している。

そこで、私が校長として勤務していた学校では、『「確かな学力」と「豊かな人間性」の育成』を学校経営の二本柱として掲げ、取組を進めた。

まず、「確かな学力の育成」では、学校において、生徒が自ら学びを実感できる学習指導の工夫や改善を行い、一層の充実を図ることが求められている。また、生徒の学習に対する意欲や学習に取り組もうとする習慣も大切な要素である。しかし、この意欲や習慣は、学校における指導だけではなかなか身に付かない。そのような状況を克服するためにも「家庭学習の在り方」を見直して、その充実を図り、家庭と学校の両面から、日常的に生徒の学習意欲を喚起したり、学習習慣を身に付けさせたりすることができれば、その相乗効果で生徒の学力向上につながると考えた。

また、「豊かな人間性の育成」については、生徒は生徒の中で育つものであり、より良い人間関係を築くことができれば、効率良く学習効果を上げることができるはずである。

ＰＩＳＡ調査の結果より、「学習の背景」の学級雰囲気指標においては、「学級の雰囲気が良好であるほど、得点が高くなる」、また生徒のモラール指標においては、「生徒のモラールが高いほど、得点が高くなる」との報告がなされている。このことから、確かな学力や学習に対する意欲の向上には、わかる授業づくりは当然ながら、お互いに高め合おうとする関係づくりや一定の学習規律の中での秩序ある関係づくりが不可欠であることがわかる。

そこで、平成20年度に、「確かな学力部会」と「豊かな人間性部会」の二部会を立ち上げ、実践を積み重ねた結果、次のような成果を上げることができた。

αノート

(2) αノートを活用した家庭学習の習慣化

①９割の生徒が毎日家庭学習

教師から与えられた宿題であっても、生徒の学力向上につながる要素があれば、その消極的な家庭学習をもっと積極的に生徒が自ら取り組むよう改善することができる。また、それによって、学校における学習効果を今まで以上に向上させることができるはずである。すなわち、これまでの「やらされる家庭学習」から「進んで取り組む家庭学習」への質的転換を図ることが、確かな学力をはぐくむための根幹になると考える。

私が勤務していた学校では、αノート（家庭学習ノート）を活用した毎日の家庭学習の達成目標を90％以上とし、学級担任を中心に毎日確認を行い、目標達成につなげることができた。

②αノートの活用

αノートとは、宿題プラスアルファのアルファに由来しており、学校独自のものである。このαノートは、その日の学校での学習を振り返り、復習を行ったり、繰り返しのドリル、発展的な学習を行ったりするものとして使い、家庭での学習で、1日に1ページを埋めることを原則とした。

学習内容については、学級担任が毎日点検を行い、コメントを記入する。

また、家庭学習の習慣化を図るために、αノートを使った家庭学習を行ってこなかった生徒に関しては、放課後の時間を使ってαノートを完成させ、学級担任のチェックを受けさせた。

生徒対象に実施したアンケートによると、αノートを始めとした取組で、約90％の生徒が「家庭学習の時間が増えた」と答えた。この家庭学習の時間が増えた理由として、「αノートの取組や授業の復習をしたため」という回答が多数を占めた。また、「目的意識ができた」や「気持ちが強くなった」との回答も多く、多くの生徒は自主的に学習する姿勢ができてきたものと考えられる。

また、「αノートは役に立つか」という質問に対し、全生徒の85％が「そう思う」または、「どちらかというとそう思う」と回答している。

当然ながら、家庭学習を充実させるためには、学校の授業が充実していなければならない。学校の学びが面白いから、家庭学習の幅を広げることができるのである。反対に、家庭学習の幅が広がり、学ぶことの楽しさを味わった生徒は、学校の授業にも積極的に参加するようになる。このように、家庭での学習と学校での学習の充実は、相互に作用しながら、生徒の学力向上につながっている。

③αノートは、生徒と学級担任をつなぐコミュニケーションツール

αノートには、各ページの上方4分の1に翌日の時間割と持ち物・宿題を確認する欄を設け、その横に一日を振り返る欄と家庭学習の時間を記入する。

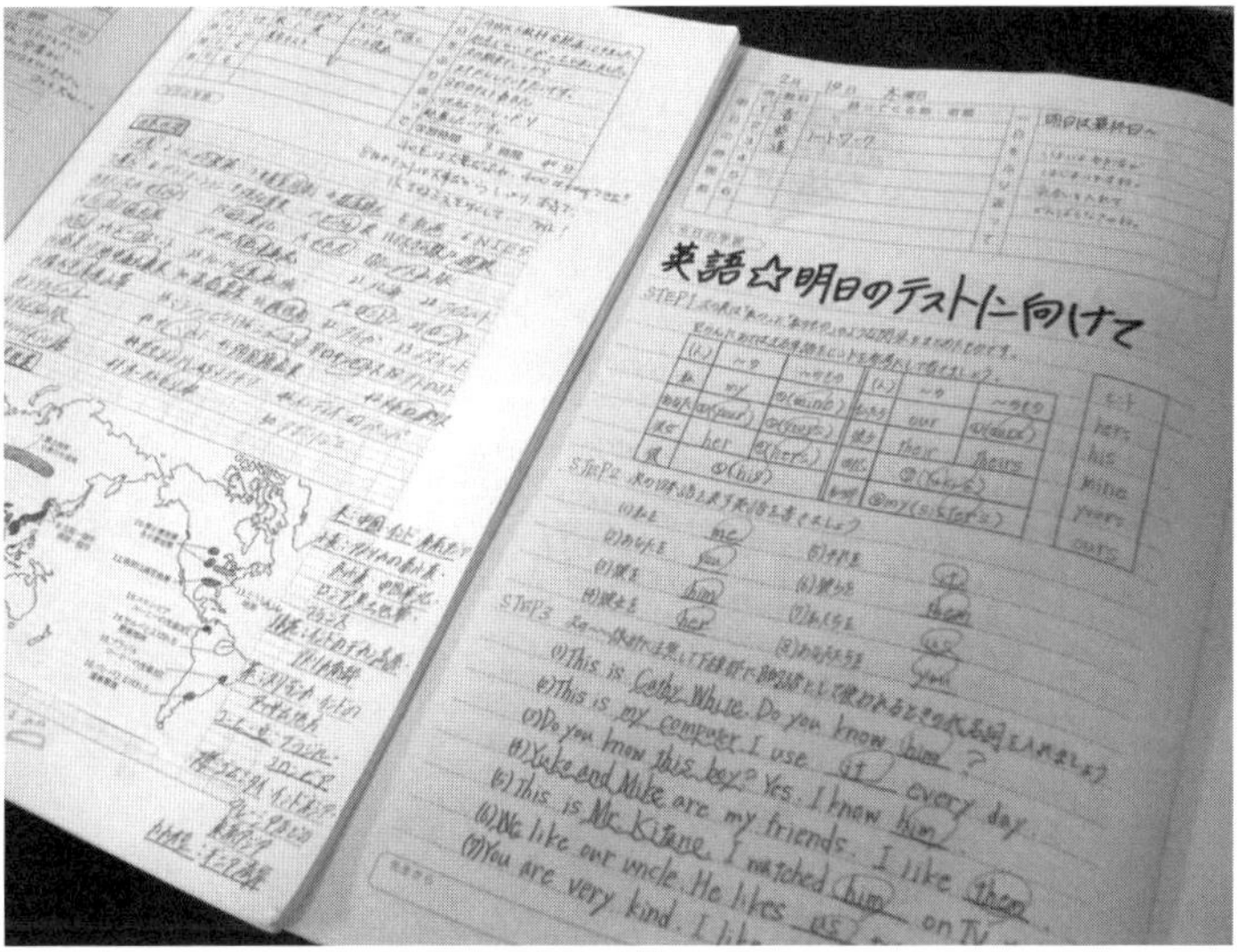

αノートの例

この「一日を振り返る欄」に、生徒はその日を反省し、学習に関する内容や部活動でのこと、学校や家庭での悩みの相談などを自由に記入する。学級担任はαノートを毎日点検する際に、生徒の振り返りに対してコメントを書き込む。担任だけではなく週の何日かは、副担任が点検を行いコメントを書き込むようにした。

次は、生徒がαノートに記述した内容に対し、励ましのコメントを書き込んだ例である。

・「今日は、定期考査の二日目です。できなかった教科があったので、答案用紙が返ってきたら、やり直しをきちんとしたいです」という振り返りに対して、学級担任は、「間違った問題を納得できるまでしっかり見直すこと」とコメントしている。

・「先生、国語はどうしたら得意になれますか」の質問に対して、「国語の中の特に書く問題は、わからないときに答えをうつすのではなく、自分で苦労して書いてみることが大事です。頑張って、ファイト」とアドバイスしている。

またときには、学級内での友人関係や部活動での悩みの相談などの記述もある。これらについては、学級担任が、解決につながるコメントを書き込んだり、必要があれば、昼休みや放課後に時間を取り、個別に面談を行った。

④αノートは、学級担任と保護者、親子をつなぐコミュニケーションツール

保護者対象に実施したアンケートによると、「保護者はαノートの点検を行っていますか」という質問の回答を集約すると、前年度は56％の保護者が行っていると回答している。さらに翌年度のアンケートでは、点検を行っている保護者が62％に増加していた。このことから、保護者のαノートに対する意識の向上と同時に、家庭学習の定着にもつながっていることがわかる。

また、αノートには、次のような保護者からの記述も見られるようになってきた。

・学級担任への「お世話になっています。クーラーが入る季節になってきました。子どもはクーラーの風で喘息が出やすくなりますので、ジャージの上着着用の許可をお願いします。……母」の記述に対して、学級担任は「了解しました」と返している。

・「いつもお世話になっております。怪我の状態も良くなり、明日から体育の授業と部活動は行って良いとのかかりつけの医者の許可が出ました。しかし、子どもの性格から、無理しすぎるのではないかと心配していますので、よろしくお願いします」のコメントに対しては、「保健体育の先生と部活動の顧問へは連絡しておきますので、ご心配なく」と返事を書き込んでいる。

このように、αノートは、学級担任と保護者、および親子のコミュニケーションにも役立つことがわかる。

(3) 学級集団づくりのためのソーシャルスキルトレーニングと構成的グループエンカウンターの取組

授業を良好な学びの場・時間にしていくためには、良好な学習集団（学級集団）を育成していくことが大前提である。そこで私が校長として勤務していた学校では、より良い人間関係づくりのために、「ソーシャルスキルトレーニング」や「構成的グループエンカウンター」などの手法を取り入れた学級活動や道徳教育の充実に平成20年度から取り組んだ。その結果、生徒同士や生徒と教師との人間関係が良くなっていることを学級担任は実感し、生徒も同じ感想をもった。このように生徒にとって学級が居心地の良い「心の居場所」になったのである。

また、この取組の1年目は、「確かな学力の育成」と「豊かな人間性の育成」の二つの目標を並列で考えていたが、3年間取り組んだ結果、**「豊かな人間性の育成」、すなわち、「人間関係づくり」が全ての教育活動の土台であることが明らかになった。**そして、学級集団づくりを推進することで、学年や学校全体がまとまり、学力の向上や学校行事の成功、さらには、不登校の大幅な減少、遅刻や服装違反がなくなるなどの成果につなげることができた。

(4) 中1ギャップ解消のための新入生交流会での人間関係づくり

中学校に入学した生徒が、学校になじめず欠席がちになったり、不登校になったりすることがよくある。その原因の一つ目は、違う小学校からの入学生と人間関係をうまく構築することができなかったり、部活動などで上級生との関係づくりがうまくいかなかったりすることが考えられる。二つ目は、中学校に入学し、学習内容が急に難しくなり、学習についていけなくなり、学校に行きたくなくなることが考えられる。

このような中1ギャップを少しでも解消するために、小学6年生対象の入学説明会の後に、ゲーム形式の交流会を平成20年度から行った。ここでは、違う小学校の児童同士がふれあう機会をつくるために、ソーシャルスキルトレーニング（以下、「スキル」という）や構成的グループエンカウンターを取り入れている。

交流会の中では、手書きの名刺を各小学生に数枚ずつ準備してもらい、別々の小学校に通学する児童同士でコミュニケーションを図る。まず挨拶と握手を行い、ジャンケンをして勝った方が名刺をもらう形式で、次々に他校の児童とのふれあう機会をつくっていくもの（名刺交換）や、話をせずにサインのみで1月1日から12月31日までの誕生日順に並んで体育館の中で一つの大きな輪になるもの（誕生日リング）など、新入生の人間関係づくりのためのスキルを数種類行っている。

また、中学校入学後の学習でのつまずき解消のため、小学6年生に、小学校で学習した国語・算数の復習と英語のアルファベット練習の宿題プリントを配布している。この宿題は、小学校卒業後の春休み中に行うことで、中学校での学習へスムーズに接続させるためのもので、入学後に提出させている。

入学後の新入生からは、「交流会で友達になれた人もいる。そこから関係が広がって、違う小学校の子どもと普通に話せるようになった」や「勉強は自分からはしないけど、用意してもらえたから、中学校への準備になった」などの感想を聞くことができた。また、1学年の教師からは、「このスキルを行ったことで、入学後に、生徒同士うち解けるのが早いように感じる」という感想が多く寄せられた。

新入生交流会（名刺交換会）

　このような取組の有効性から考えると、現在、小中連携が進んできているなか、**早い段階からの小学校間の連携（小小連携）があると、中学校入学後の人間関係づくりがスムーズにいくのではないか**と考える。

　以上のように、「人間関係づくり」の充実とαノートの取組が土台となり、学級がより良い集団へと成長することで、学力向上へとつなげることができる。

4 人間関係を壊す体罰のない教育のために

(1) 怒りの感情を解消するための「アンガーマネジメント」

児童生徒は、まだまだ未熟であるため、将来、立派な社会人に成長させるために学校教育が必要なことを、教育者は十分に認識して日々指導を行っている。

ところが、子どもは時々、教師の指示に従わなかったり、反発し口答えしたり、横柄な態度を取ったりする。その態度に教師は腹を立てて、ついつい大声になってしまうことがある。ここで重要な点が、カッとなったからといって絶対に体罰に至ってはならないということである。

では、怒りが体罰に至らないためには、何が必要であろうか。

①自分の感情をコントロールする力を身に付ける
②生徒指導の場面を想定した約束事を準備しておく
③教職員チームの組織力で向き合う学校風土をつくる

まず、常日頃から、特にカッとなりやすい人は、自分の感情をコントロールする力を高めておく必要がある。

それでは、体罰を予防するにはどうすればいいのだろうか。

①自分の感情をコントロールする力を身に付ける

まず、自分の感情をコントロールするためには、人間の感情に関するメカニズムである脳の仕組みについて認知しておく必要がある。

まず、感情は、頭の奥にある「大脳辺縁系」でつくられる。次に、そのつくられた感情を「前頭葉」でコントロールする。

すなわち、怒りの感情が発生すると前頭葉が認知する。その後、前頭葉で感情をコントロールする物質が製造・運搬され、感情をコントロールすることになる。現在では、感情のコントロールに要するのに、約6秒かかると言われている。

アンガーマネジメントで、「カッとなったら5～10数えなさい」と言われているのは、そのためである。日頃から心理トレーニングをしておくことが重要となる。

また、教師のみでなく、カッとなりやすい児童生徒にも同様の指導を行うことは有効であると考える。

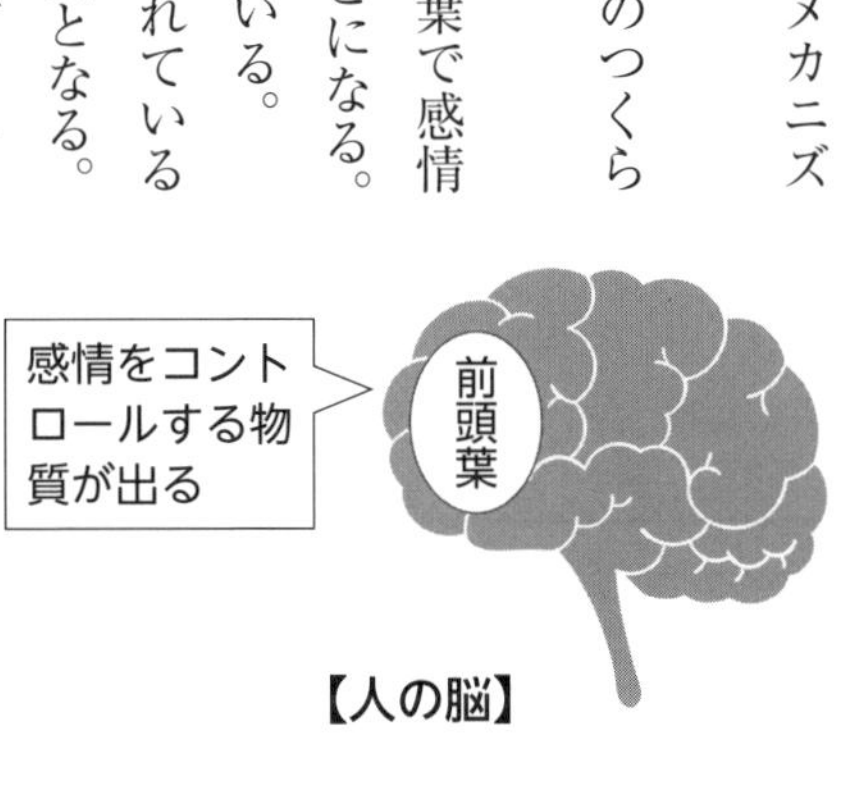

【人の脳】

②生徒指導の場面を想定した約束事を準備しておく

では、生徒指導のどのような場面で、怒りの感情が出てくるのかを考えてみる。それは、指導の場所と環境で異なると言われている。

まず、感情が表出するときは、緊張感がなく、その教師の立場や指導場面が、「我がもの」になっているとき、すなわちマイペースで指導を行っているときに体罰は起きやすいと言われている。要するに、長年、同じ学校に勤務し、ホームグラウンド化している教師にとっては、指導中は緊張感がなく、興奮状態に陥りやすい。

逆に、まだ学校に慣れていない教師や今は仕事をしているんだと自覚しているときは、一定の緊張感が伴う。まして、児童生徒の横に保護者がいる場合には、体罰は起きにくい状況だと言える。体罰は、場面と緊張感が関与するのである。

また、体罰は、指導する場所や人数によって左右される。各教科の準備室や相談室などの密室で教師一人で指導する場合は、緊張感がなくマイペースに陥りやすく、体罰につながるケースがある。しかし、複数で対応し、自分以外の目がある場合には体罰は起きにくいと考えられる。ただ、複数だから大丈夫かというと必ずしもそうではないこともある。

そこで、学年や学校全体で確認することとして、教師が生徒指導する際には、事前に約束事を決めておくことである。

例えば、生徒が反抗的な態度を取った場合には、教師一人で指導せずに、必ず学年の教師や近くにいる教師を呼び複数で指導をすることである。また、指導の際、カッとなるようなことがあれば、他の教師に指導をバトンタッチするなどの約束事を決めておくことも必要だ。一人ではなくチームで対応する学校体制が大変重要になるのである。

③教職員チームの組織力で向き合う学校風土をつくる

指導力があるからと常に一人の教師に指導を任せっぱなしにしていると、その教師がその場にいなかったり、転勤になった場合に、対応ができなくなってしまう。一人の力に頼るのではなく、常に教職員のチーム力で、組織的に対応する学校風土をつくっておくことが重要である。

では、怒りの感情を解消するには、どのように対応すればいいのだろうか。

最近、テレビ報道等で時々取り上げられるのが、前の車の運転が気に入らず、カッとなって「あおり運転」を行い、暴力行為に至るケースである。

学校においても同様で、カッとなっても、怒り（「アンガー」）を自分の力でコントロール（マネジメント）し、解消する方法を身に付けなければならない。

前述したように、怒りの解消方法として、「6秒間待つ」ことが重要だと言われている。

具体例としては、

㋐　深呼吸をゆっくりと6秒間かけて行う

これは簡単にできることなので、訓練しておくと役に立つ。しかし、特に注意すべき点は、この6秒間に怒りに関する原因や対処法を考えないようにすることだ。これをしなければ意味がなくなってしまう。

㋑　気持ちを落ち着かせる言葉を前もって準備しておく

例えば、「大丈夫だ。落ち着いて、慌てない慌てない」や「ペットの名前を繰り返し口ずさむ」などの気持ちを落ち着かせる言葉を唱えることも方法の一つである。

㋒　数を逆から数える

例えば、100から3ずつ引いた数を唱える（100→97→94→91）。あえて、数えにくい方法をとることで、怒りの対象から気持ちをそらすねらいがある。

㋓ 対象の児童生徒が目に入らないように、その場を一旦離れる

相手から離れることで、気持ちの高ぶりを押さえ、落ち着かせる目的がある。

まずは、指導に反発したり横柄な態度を取ったりする子どもをつくらないことが重要である。そのためには、日頃から信頼関係をつくる努力が必要で、「良いところを認めてあげようとする意識を常にもち、子どもに接すること」である。子どもをより良い方向へ成長させるために、ほめたり、叱ったりできる教師を目指したいものだ。

体罰未然防止のためのセルフチェックシート【学校生活編】

年　　月　　日
氏名（　　　　　　　　　）

◆次の指標で自分自身をチェックしてみよう。

A：あてはまる	B：どちらかといえばあてはまる
C：どちらかといえばあてはまらない	D：全くあてはまらない

項　　目	チェック
① 多少，子どもの頭や肩をたたいたりすることは，体罰にあたらない。	
② 体罰は，児童生徒のために，時と場合によっては「やむを得ない」ことだ。	
③ 児童生徒や保護者と信頼関係があれば，体罰は許される。	
④ 体罰は何らかの教育効果がある。	
⑤ 学校では，体罰を使ってでも厳しく指導する教員が必要である。	
⑥ 児童生徒の話を聞かず，頭ごなしに叱ることがある。	
⑦ 感情的に興奮して，児童生徒が傷つくような言葉を発することがある。	
⑧ 大声で怒鳴ったり，机や椅子をたたいたりして，威圧的な態度をとることがある。	
⑨ 指導の効果が見られないとき，冷静さを欠いた指導をすることがある。	
⑩ 他の教職員より劣っていると思われたくなくて，指導について焦ることがある。	
⑪ 自分の指導を振り返ることが少なく，自分本位な指導に陥りがちである。	
⑫ 他の教職員が体罰をしていても，声をかけることができない。	
⑬ 指導上の悩みを相談できる管理職や教職員がいない。	
⑭ 保護者からのクレームなどを管理職に報告しないことがある。	
⑮ 日々の忙しさや，自分自身のことで，普段からイライラして心のゆとりがない。	

◆振り返ってみてどうでしたか。AとBが多い場合には，自分自身を見直す必要があります。

体罰未然防止のためのセルフチェックシート【部活動編】

年　　月　　日

氏名（　　　　　　　　　　）

◆次の指標で自分自身をチェックしてみよう。

A：あてはまる	B：どちらかといえばあてはまる
C：どちらかといえばあてはまらない	D：全くあてはまらない

項　　目	チェック
① やる気のない生徒を見ると，無性に腹が立つ。	
② 生徒の思いを聞かず，生徒の目線で考えることができないときがある。	
③ 結果を求めるあまり，生徒に無理な練習をさせてしまうことがある。	
④ 感情的になって，生徒が傷つくような言葉を発してしまうことがある。	
⑤ 指導しても改善しないときは，机や椅子をたたいたり蹴ったりして威圧的な行動をとることがある。	
⑥ 注意するためには，多少，頭をこづいたり，肩をたたいたりしても，体罰にあたらない。	
⑦ 生徒のために，多少の体罰は必要だ。	
⑧ 生徒と信頼関係があれば，体罰は許される。	
⑨ 保護者の「厳しく指導してほしい」という声を大切にする。	
⑩ 思うように結果がでないときに，生徒の責任にすることがある。	
⑪ 自分の指導を振り返ることが少なく，自分本位な指導に陥りがちである。	
⑫ 他の教職員（指導者）に負けたくないため，厳しく指導したり指導に焦りを感じたりしたことがある。	
⑬ 指導上の悩みを管理職や教職員に気軽に相談できる雰囲気がない。	
⑭ 保護者からのクレームを管理職に報告しないことがある。	
⑮ 日々の忙しさや，自分自身のことで，普段からイライラしていて心にゆとりがない。	

◆振り返ってみてどうでしたか。AとBが多い場合には，自分自身を見直す必要があります。

教師力向上のための「自己評価チェックシート」

年　　月　　日

氏名（　　　　　　　　　）

◆次の指標で自分自身をチェックしてみよう。

チェック項目	はい ―― いいえ
1　＜学級経営＞	
①　児童生徒全員に声を掛けたり，対話したりしている。	5　4　3　2　1
②　みんなが話しやすい環境や雰囲気をつくっている。	5　4　3　2　1
③　児童生徒と共に学級目標やめあて・きまりを確認している。	5　4　3　2　1
2　＜授業づくり＞	
①　学習内容に即しためあてとまとめを決めて授業に臨んでいる。	5　4　3　2　1
②　わかりやすい発問をしている。	5　4　3　2　1
③　児童生徒が積極的に発言している。	5　4　3　2　1
④　構造的でわかりやすい板書をしている。	5　4　3　2　1
⑤　授業に感動や発見・ユーモアなどの仕組みを取り入れている。	5　4　3　2　1
3　＜生徒指導＞	
①　児童生徒の表情や様子を観察して現状を把握している。	5　4　3　2　1
②　児童生徒の良い所を探し，一貫したポイントでほめている。	5　4　3　2　1
③　きまりやモラルに照らして指導や叱ることができている。	5　4　3　2　1
4　＜コミュニケーション＞	
①　他の先生とよく対話し，意見や考えを積極的に聴いている。	5　4　3　2　1
②　他の先生と協力して係の仕事を進めている。	5　4　3　2　1
③　学校や他の先生のためにサポートができている。	5　4　3　2　1
5　＜学校以外の対応＞	
①　保護者・地域・業者に自分から挨拶している。	5　4　3　2　1
②　保護者に児童生徒や学校の様子を伝えている。	5　4　3　2　1
③　保護者の意見を積極的に取り入れている。	5　4　3　2　1
6　＜自己の成長＞	
①　今日の振り返りの時間（　　分）を設けて実施している。	5　4　3　2　1
②　授業公開やアドバイスを受けて指導方法を改善している。	5　4　3　2　1
③　今日１日楽しい授業や生活ができている。	5　4　3　2　1
■自分の課題を書いてみよう。	
①	
②	

5 不登校解消の取組

ここでは、通常学級担任が行う不登校対策については割愛し、それ以外で効果を上げたと考えられる取組についてまとめてみる。

(1) 不登校生徒への「心の教室(S・R)」での個別の学習指導

以前勤務していた学校では、「心の教室」をステップルーム(S・R)と名付け、自宅から「心の教室」へ、さらに「心の教室」から教室へとステップアップしていくための部屋として位置づけていた。この学校へ赴任した当初は、不登校生徒が20人を超えていた。不登校の理由も、学校の荒れによる生徒間トラブルに伴うケースが多かった。

そこで、まずは学校の教育環境を整え、授業が成立し、進路保障ができる学校づくりに専念した。その実現なしに、不登校生徒が気持ち良く登校できるはずはないからである。また、不登校生徒の学級復帰に向けての一番のネックは、授業についていけないことから起こる学習に対する不安と学級内の生徒との人間関係である。

そこで、不登校対応教員を中心に、個々の生徒や保護者との対応を行うのとともに、少人数学級の学級増で配置された非常勤講師に、心の教室での生徒への学習指導をお願いした。

この非常勤講師には、学級での授業や補助で入り込むことに加えて、「心の教室」で、毎日3時間程度の学習指導を不登校生徒に行ってもらった。不登校からの学級復帰には、個別の学習指導がないと自信をもって行うことは困難であると考える。個別の指導を行いながら、学級集団づくりにより、人間関係が良くなってきた学級の生徒との接触を徐々に増やし、不安を少しずつ取り除くように働きかけるようにした。また、不登校の生徒たちが、いつ学級に復帰してもいいように、学級担任は、日頃から学級内の生徒同士の人間関係づくりについて指導を進めた。

さらに、毎週1回設定している「生徒指導委員会」（校長・教頭・生徒指導主事・生活補導主事・学年生徒指導担当・不登校対応教員・養護教諭・SC（スクールカウンセラー）・SSW（スクールソーシャルワーカー）の中で、生徒指導に関する報告の他に、不登校生徒の現状や対応について確認も行った。

当初、この生徒指導委員会の中での不登校生徒に関する報告は、不登校対応教員を中心にSC・SSWと協力して行っていた。

しかし、そこで疑問に感じたのが、各学年には生徒指導担当がいるにもかかわらず、その担当者が学年の不登校生徒の状況をあまり把握していなかった点である。本来、学年の生徒指導担当者が一番知っておかなければならないことを、不登校担当教員に任せっきりになってしまっていた現状があった。あくまでも不登校担当教員は、不登校生徒が在籍している学級担任や学年教師をフォローすることが仕事であるため、各学年の生徒指導担当者が不登校生徒の状況を把握し、生徒指導委員会の中で、その報告を行うように変更した。そして、その報告のフォローを不登校担当教員やSC、SSWなどが行うようにした。

その結果、各学年の教師が学年内の不登校生徒に気を配るようになり、教職員全員が不登校生徒を把握し、全教職員がチームで取り組むようになったことで、不登校生徒の減少につながったと考える。

また、不登校対応教員には、生徒指導委員会の中で、「心の教室」での生徒の様子や学習の進捗状況、および家庭での様子や保護者との関係等について報告させた。

(2) 福岡市教育委員会主催「ふれあい登山」への参加

当時、福岡市教育委員会では、不登校生徒の減少を目指し、不登校生徒同士のコミュニケーションを図る目的で、「ふれあい登山」を年に3回実施していた。

そこで、本校もその取組に積極的に参加し、生徒たちが登山を通して、様々な困難を自力で乗り越えることで達成感を感じさせることと、豊かな自然の中で、多くの人たちとふれあうことで貴重な体験をさせることをねらった。

毎回、登山には、本校から10人前後の生徒と教職員6~7人（不登校担当教員、SSW、学級担任、学校用務員、養護教諭、事務官等）が参加した。

このふれあい登山は、参加校の中でも最も多い人数が参加しており、生徒たちも楽しみにしていた。この取組を通して、生徒たちは達成感を感じることができ、教育委員会職員をはじめ、他校生など多くの人たちとの新たな出会いの場にもなり、充実した活動となった。

(3) 不登校生との定期的な校長面談

私は、校長になって以来、不登校生徒および保護者との定期的な面談を行った。

学校内が落ち着かないという理由から、生徒間のトラブルで不登校になった生徒もいたため、赴任当初、学校の体制を落ち着いた状態に整えることを最優先に考えた。教職員と共に「チーム●●中」で取り組んだ結果、全員の尽力もありスピーディーに解消することができた。それ以降に校長面談を開始した。

この面談に関しては、一般的にほとんどの学校では、年度末の進級認定や卒業認定の際に、設定している。私は、学期に一度を基本に面談を実施することにした。実施のタイミングについては、学級担任や不登校対応教員等と十分に協議を行った。

また、実施日についても不登校生徒が登校しやすい曜日や時間帯に保護者同伴で来校してもらい、周りを気にせず安心して行えるようにした。そのため、設定日時が土・日曜日であったり、平日でも全校生徒が帰宅後の遅い時間帯であったりすることも多かった。

この面談をきっかけに、少しずつ学校に足が向く生徒が増えはじめ、まずは「心の教室」への登校を促した。

実際に、小学校を全欠していた生徒が、校長面談をきっかけに、翌日から登校するようになったケースが2件ほどあった。登校のきっかけについては、何が一番良い方法なのかはわからないため、各生徒の状況を考慮し、保護者と十分に相談したうえで、学級担任と不登校対応教員、SC等との打ち合わせを慎重に行った。

「このままでは、進級できないと、校長から子どもに伝えてくれ」と強い要望を出される保護者もいた。結果的に登校するようになったため、成功したケースではあるが、強い圧力を加えることで逆効果につながることも考えられるため、保護者とは、十分な打ち合わせを行ったうえで、慎重に進めるべきだ。

6 実践編

(1) 暴言を吐き無断帰宅した生徒が翌日明るく登校したわけ

ある日、中3の男子生徒が、廊下で学級担任から服装のことで指導を受け、大声で反発している場面に遭遇した。当時、生活補導主事だった私は2人の間に入り、興奮していた2人を落ち着かせようとした。しかし、休み時間中で周りに大勢の生徒もいたため、その男子生徒は引くに引けずに収まりがつかなくなり、暴力こそ振るわなかったが、「おまえたち覚えておけよ」「絶対に許さんからな」などの暴言をその場にいた同学年の教師たちに吐き、そのまま無断で帰宅してしまった。

過去に数回、対教師暴力を行ったことがある生徒だったこともあり、周りにいた教師たちは傍観するだけで呆気にとられていた。

その男子生徒は母親と二人暮らしで、母親は夕方から夜中まで清掃の仕事をいくつかかけ持ちしていたため、帰宅も遅く、晩ご飯は生徒一人で食べることがほとんどであった。母親が夕食の準備をできないときは、一人で弁当を買って食べることも多かった。

学級担任は、男子生徒が落ち着くまで時間が必要だという判断で、明日まで待つこととした。しかし、私は明日まで引きずらないことを考え、学級担任に了解をとり、夕方一人で生徒宅を訪問することにした。その際、弁当を2個買った。

男子生徒は、昼間、すさまじい剣幕だったこともあり、興奮状態でいるのではないかと心配していたが、私の顔を見ると意外と落ち着いて対応してくれた。私は、この生徒とは日頃からあらゆる機会を通して信頼関係をつくるために積極的に声をかけ話をしてきたので、すんなり受け入れてくれたようである。

最初に弁当を渡し、二人で一緒に食べながら話を始めた。

「今日は、学級担任の先生にあそこまで口答えする必要はなかったんじゃないか」と言うと、彼は「自分の話をよく聞きもせずに、自分が悪いと勝手に決めつけ、それも生徒たちが大勢見ている中で怒りはじめたので、強く出てしまい反発をした」と返答した。

そこで、まずは生徒の言い分を時間をかけて聞くことにした。生徒の言い分には理解できる部分もあったので、それについては私が担任に伝え、確認することを約束した。

しかし、服装違反については生徒自身の問題であり、申し開きできないことを伝え厳しく指導した。さらに、担任に対してあそこまで口答えするのはおかしいことを丁寧に指導すると、生徒も納得してくれた。そこで、明日、生徒自身の言葉で学級担任に服装違反と暴言については謝罪することを約束させた。また、母親に対しても、感謝の気持ちを忘れず、心配をかけないように行動すべきだとじっくり話をした。

話に夢中になり気がつくと午前零時を過ぎていた。生徒も自分の気持ちを言いきったのか、すっきりした表情で見送ってくれた。母親はまだ帰宅していなかった。

翌朝、私は通常より少し早めに校門に立ち、彼を待っていた。学級担任も昨日のトラブルの延長になる恐れもあったため、同学年の教師と一緒に早めに校門に出てきていた。

登校してくる多くの生徒に、いつものように挨拶していると、彼がやってきた。彼は私の前に立ち、「先生、おはようございます」と、明るく笑顔で挨拶してくれた。昨日の再来を強く心配して準備していた同学年の教師たちは、拍子抜けしたようであった。

男子生徒は、その足で学級担任のところに行き、約束どおり昨日のことを謝罪した。周りの教師たちは、昨日あれだけ悪態をついていた生徒が、元気よく笑顔で挨拶してきたことが腑に落ちず、その理由を私に尋ねてきた。

そこで、私は昨晩の様子を説明した。

昨日はあれだけもめていたが、腹をわって話し合えば理解できるはずだという強い気持ちで臨んだこと。また、こじれた人間関係をできるだけ早く修復させるために、その日のうちに家庭訪問を行ったほうがいいと判断したこと。家庭訪問では、生徒の言い分をしっかり最後まで聞き、生徒を理解したうえで、指導すべきことは丁寧に指導したこと（生徒の言い分を最後まで聞かずに途中で口を挟むと、人間関係が崩れる原因になることが多々ある）。

生徒は、教師である大人とは異なり、まだまだ未熟であることをしっかり認識することが重要である。だからこそ、学校教育が必要なのである。

「日々の人間関係づくりの積み重ねが重要で、生徒指導の根幹に関わる」ことを、学年の教師たちも実感した日であった。

苦手な生徒もいるかとは思うが、教師であれば、臆病にならず、教育のプロとして自ら生徒に飛び込み、腹をわって話をすることで、解決の道は開ける。

(2)　178人目の卒業式

3年生177人の卒業式の一週間ほど前に、3年生の女子3人が、「校長先生にお願いがあります」と校長室を訪れた。

自分たちが用意した「卒業証書」に、「私たちの同級生だった友達のA子さんの名前を書いていただけませんか」とのことだった。その卒業証書は、過去に卒業生に手渡したものをコピーし、生徒名を消したものであった。「卒業証書のコピーを準備してどうするのか」と尋ねると、実は、女子生徒たちが小学校5年生の時、自宅の火災で亡くなった友達がいて、生きていれば本校の卒業生になる予定だったとのこと。そこで、自分たちの卒業式終了後に、A子さんのご両親に地域の公民館に来ていただき、A子さんと仲の良かった友達を集め、自分たちからA子さんのご両親にその卒業証書を手渡したいということだった。

私は、3年生の「合唱コンクール」後の保護者アンケートの中に、「うちの子どもが生きていれば、この子たちとこんなにすばらしい合唱を披露できたのに、感動と同時に残念で涙が止まりませんでした」という記述があったことを思い出した。私は、学校行事後には保護者アンケートに全て目を通していたので、A子さんのご両親がたびたび学校行事に参加されていたことを知っていた。

生徒たちから、「仲の良かった同級生と一緒に卒業したい」という強い気持ちを聞き、私は、「それはいいことだね。みんなの優しい気持ちはよくわかった」と伝えた。校長室に真っ新《まっさら》の卒業証書を1枚だけ残していたことを思い出し、コピー用紙ではなく、それに名前と生年月日を書くことを生徒たちに伝えた。ただし、A子さんは本校に入学していないので公印は押せないことを伝え、卒業式終了後にその卒業証書を校長室に取りに来るように言うと、生徒たちは大声を上げ喜んでいた。

数日後、この女子3人が再度、校長室を訪れた。A子さん宅に卒業証書の件を伝えに行ったところ、ご両親も本校の卒業式に参加される旨を聞き、私に報告しにきたのだ。そこで私は、卒業式に参加されるのであれば、卒業生の見送り終了後に、A子さんの卒業証書授与式を校長室で行うので、A子さんのご両親と関係生徒たちに伝えてくれないかと頼んだ。

卒業式当日、177人への卒業証書授与式を無事終えることができた。来賓への挨拶を終え校長室に戻ると、A子さんのご両親とそのご家族の合計7人が来校されていた。私は、ご両親との話の中から、娘さんへの愛情や思いが、ずっと変わらずに続いていることを強く感じた。

校長室には、A子さんの友達15人と、今回の件を聞き、当時A子さんの救命措置を担当された消防団の方やA子さんをよく知る地域の方などが多数集まられた。この大勢の参加者の立会いのもと、A子さんが生前大切にし、火災で唯一焼け残ったぬいぐるみを胸に抱いたお父さんに、卒業証書を読み上げ手渡すことにした。卒業証書を読みはじめたとき、ご両親のこれまでの気持ちを考えると、急に言葉につまり涙が止まらなくなった。校長室にいた参加者も皆、声を上げ涙を流し感動に包まれた。それと同時に、私は校長として、卒業生たちの友達思いの優しい気持ちとご両親に対するすばらしい配慮に感謝した。

ご両親は、最後に、「私たちもこの学校の卒業生のように、今後は前を向き、新たな気持ちで頑張ります」と誓いの言葉を述べられた。

こうして卒業生たちの心がこもった、ご両親にとっても良い形での締めくくりとなった「178人目の卒業証書授与式」を無事終了することができた。

⑶　生徒会リーダーの育成と人間関係づくり

新生徒会役員が決定すると、新たな生徒会活動が始動する。任命された役員は、生徒会活動の活性化とともに学校をより良くしようとする意欲に満ちあふれている。この生徒会役員を全校生徒のリーダーとして育成し、力を発揮させるのは教師の役目である。

①目標と手だて、自己評価

そこで、私は校長としてできることを考え、新役員任命後に、生徒会役員（会長・副会長・書記）５人と各専門委員長６人の計11人を校長室に集め、本年度の学校経営方針を示し、学校の現状と課題および１年間のビジョンについて具体的に説明した。生徒会のリーダーに学校の現状を認識させ、生徒会の取組に反映させることで、効率的に目標達成へとつなげることができる。最初に、今後１年間の活動について、役員一人一人に自己目標などを用紙１枚にまとめさせる。これは、教職員の目標管理とほぼ同様のもので、具体的な数値目標を掲げさせ、課題解決のための手だてを提示させている。さらに１年間の取組の中で、中間期と最終期には、その達成状況を自己評価させたうえで、校長との個人面談を実施する。進捗状況や取組上の悩み等を丁寧に聞き取り、評価および支援することでリーダーの育成を図る。この取組内容に関しては、生徒会の担当教員とともに教職員全員にも示し、協力体制を整えている。生徒が、教職員と共に目標達成に向かってベクトルをそろえることで大きな力となり、効率的に課題解決につなげることができる。

②生徒会リーダーと校長との意見交換会

上記の取組とは別に、生徒会役員および専門委員長・副専門委員長の全17人を集め、校長との意見交換

生徒会リーダーと校長との意見交換会

会を定期的に実施した。

ここでは、全国的な課題でもある「いじめをなくすための対策」や「生徒会活動で現在困っている点」、「校内における生徒の状況」や「教員の指導で気になる点」などについて、各リーダーの考えや意見を聞く場とし、自由に意見交換を行う。その際、各々の取組に対する評価を行い、その努力点や成果を賞賛するようにしている。また、課題解決においてつまずいている点の解決方法や手だて等についても全員に考えさせ、自由に意見交換を行うことで、生徒会活動のレベルアップにつながる良い機会とした。生徒会が活性化している学校は、秩序が保たれ、生徒が明るく、学校から発せられる強いエネルギーを感じとることができるものである。

③生徒会リーダーとPTA役員との意見交換会

また、校長面談とは別に、PTA役員と生徒会リーダーとの意見交換会を定期的に実施した。ここでは、PTA役員や保護者に対する要望や意見等を

生徒会リーダーとPTA役員との意見交換会

生徒の代表として気兼ねなく話すことができる場にしている。さらに、保護者から生徒たちへの要望や日頃感じている親子関係等についても意見交換を行うことで、子どもの立場と親の立場を理解することができる良い機会になっている。この内容はＰＴＡの広報誌でも紹介し、互いの人間関係づくりにも役立ち大きな成果を得ることができる。

今後の生徒会活動の構想と自己評価（記入方法）

（H○○年○月～H○○年○月）

平成○○年○月○日
A中学校

<table>
<tr><td>役　職</td><td>（例）　生活専門委員長</td><td rowspan="3">■現在の学校課題（生徒の学習・生活面等）　※役職に応じた内容を箇条書きで書く。
（例）
・現在、遅刻者が１週間に○○人おり、時間が守られていない。</td></tr>
<tr><td>年・組</td><td>年　　組</td></tr>
<tr><td>氏　名</td><td></td></tr>
</table>

<table>
<tr><th colspan="2">自己目標設定</th><th colspan="2">自己評価</th></tr>
<tr><td rowspan="2">目　標
（何を達成したいか）
※大まかな目標</td><td rowspan="2">達成スケジュール・達成方法・指標（数値目標）
※いつまでに、どのような方法で、どこまで達成するか。</td><td>中間報告</td><td>最終報告</td></tr>
<tr><td>※達成状況・課題（対応策）</td><td>※達成状況・課題（対応策）</td></tr>
<tr><td>1　（例）　遅刻者をなくす。
2
3</td><td>1　（例）　遅刻者ゼロ週間の取り組み（コンクール）を毎月２週間設定し、３月末までに、２週間の遅刻者ゼロを達成する。
2
3</td><td>1　左記の目標１について自己評価する。
A…良くできた。
B…十分ではないが達成できた。
C…できていない。
2
3</td><td>1　左記の目標１について自己評価する。
A…良くできた。
B…十分ではないが達成できた。
C…できていない。
2
3</td></tr>
</table>

※○○月○日までに、目標と達成方法・指標等の具体的な手だてを記入し、生徒会長がとりまとめて校長へ提出する。

⑷　校長冥利に尽きる

着任の1年前は、教職員も全力で頑張っていたが、日々生徒指導に追われ、対教師暴力や生徒間暴力、器物損壊などが日常的に発生し、校内での授業がまともに成り立たない状況にあった。

また、保護者は、「見守り隊」を立ち上げ、毎日交代で校内を巡回していた。教育委員会からも毎日指導主事が2人派遣され、校内の生徒の様子を見て回ったり、教員の指導を行ったりする1年間であった。

翌年、私が本校に着任した際、前年度の状況をＰＴＡ役員や地域の方々から聞き、授業をきちんと受けて学力をつけ、進路実現に向けて頑張りたいと強く望む大半の生徒や保護者のために、スピーディーに学校を改善しなければならないと強く決意した。

そこで、4月当初から校内での暴言、暴力および服装違反等に対しては、絶対に許さない姿勢を貫いた。そのため問題行動などで突出した生徒については、関係機関の協力を得ながら、自己責任を取らせるようにした。その結果、数人の生徒は、関係機関にお世話になることになり、この期間中に、学校の体制を整え、本来あるべき姿に改善するよう教職員と生徒、保護者が一丸となって取り組んだ。

また、関係機関にお世話になっている生徒については、その間に生活補導主事や学級担任を連れて数回にわたって面会に出向いた。そこで、この間の問題行動について反省を促し、今後の家庭や学校での生活に関する話を繰り返し行った。また、生徒の保護者についても同じように話を積み重ねた。そして、生徒たちが学校へ戻った際には、服装違反などせず、他の生徒へ迷惑をかけずに授業を受けること、最終的には、卒業式にきちんとした服装と態度で臨み、今まで迷惑をかけた生徒や保護者、地域の方々へのお詫びと感謝の気持ちをもって、校長の手から卒業証書を受け取り、義務教育を修了することを約束させた。

校内では、生徒同士や教師と生徒との「人間関係づくり」に取り組んでいたこともあり、関係機関から学校に戻った際には、周りの生徒たちがその生徒を受けとめることができるようになっており、スムーズに学校と教室に入ることができた。

そして、卒業式を明日に控えた式の練習の最後に、校長に話があると、3年生から体育館に呼ばれた。3年生全員が起立し、学級委員が前に一列に並び、「校長先生、2年間ありがとうございました。」と全員からお礼の言葉があった。その上、生徒たちから記念品をいただいた。それを校長室で開けると、生徒一人一人からの校長へのメッセージカードだった。そのメッセージカードは、生徒たちが呼びかけ、各学級の班ごとに、校長に宛てて生徒一人一人が記入したものを一冊にまとめたものだった。

「1年の時は、進路実現ができるか心配でしたが、校長先生が来られて、学校が良くなり、希望校へ合格することができました。ありがとうございました」

「中学校を救ってもらいありがとうございました。校長先生の名前は、一生忘れません」など、身に余る言葉の数々で、校長室で読んでいるうちに、この2年間がよみがえり涙が止まらなくなった。

この学校改革は、教職員集団の情熱と団結力で達成できたことで、我が校の教職員全員に感謝するとともに、それに応え、頑張ってくれた子どもたちと保護者、地域の方に感謝する気持ちで一杯になった。

「校長冥利に尽きる」とは、このようなことを言うのだと実感した。

II

保護者との
より良い人間関係づくり

1 保護者対応と信頼関係づくり

(1) チーム体制と「傾聴・共感・整理」

保護者や地域からの相談・苦情等の対応で大切なことは、学級担任一人に任せずに複数で対応し、学校としてチーム体制をつくることである。特に、若手教師の場合は、学年主任等のベテラン教師が同席し、チームで取り組むなどの配慮が必要となる。

話の途中で反論せずに、相手の話を最後までじっくりと**「聴き尽くす」**ようにしなければならない。途中で相手の話を遮って自己主張したことで決裂するケースがある。「実は、この件につきましては理由がありまして……」や「これについては、既に学校便りでお願いしているところでございまして……」など、早い段階で反論したりすると、相手の感情が高ぶり、学校側の態度に対するクレームにすり替わることがある。さらに、「先生、先にこちらの話をしっかり聴いてくださいよ……」などと相手に言わせてしまうのは最悪の状況である。苦情は大事の前の予兆と捉え、苦情の申し立てで来訪された保護者や地域の方に対しては、どっしり構え、1～2時間くらいは聴き尽くすといった心持ちで臨むべきだ。保護者による学校への苦情や意見は、学校教育に関心があるからのことであって、**決して保護者を「モンスター」扱いすることなく、感謝の気持ちをもつことが大切である。**企業では、消費者からのクレームに窓口を設けており、「クレームは宝」という捉え方をしている。クレームによる指摘を経営改善に生かしていけるからである。しかし、学校は、クレームを持ち込む保護者のことを、「モンスター・ペアレント」と呼ぶ。「モンスター」とは、怪物や怪獣という意味である。企業からすると、そのような学校の捉え方を不思議に感じるようだ。

保護者をモンスター扱いした段階で、保護者との人間関係づくりの扉を閉じてしまうことになる。保護者は、子どもの成長を支えていくための**「最も重要なパートナー」**であることを認識しなければならない。

キーワードは、**「傾聴・共感・整理」**である。相手の話を最後まで聴いたうえで総合的に判断し、こちらが主張すべき内容を整理して伝えることがポイントだ。

相手の話を聴くときには、相手の目を見て、頷きながら「共感」する姿勢が重要となる。そうすると、相手も自分の話を聴いてくれていると安堵でき、最初の興奮が徐々に落ち着いてくる。子どもの指導でも同様で、十分に話を聴いたうえで指導することが重要となる。学校教育は、未熟な子どもたちを育て成長させる場である。授業中や生徒指導の場面では、十分に話を聴き、個々の子どもに応じた対応をすべきだと考える。中には、ゆっくりしか話ができない子どももいるので、日頃から子どもたちをしっかり観察したうえで、子どもが話しかけたり相談に乗ったりできるような人間関係づくりに努めなければならない。

さらに、保護者対応後に子どもの心のケアが必要な場合がある。その際には、子どもの性格だけではなく、家庭環境や保護者の状況を十分に把握したうえで慎重に行うべきだ。学年主任を中心に、学年教師全員で確認したり、必要に応じて全教職員を集め、校長から確認を行うことも考えるべきだ。

(2)　日ごろからのコミュニケーション・信頼関係づくり

問題化しないための最も大切な方策は、常日頃から保護者とのコミュニケーションを十分に図り、信頼関係をつくることである。また、学校での子どもの頑張りや良かった点などについて、放課後、学級担任から保護者へ電話連絡などをこまめに行うといい。

学校での事故や問題発生の際は、早急に保護者に連絡すべきである。

また、学級担任が、家庭訪問した際や電話での問い合わせなどで、約束を取り付けられることがある。内容によっては、具体的な約束は保留し、**「私の一存ではお答えできませんので、校長に相談したうえで後日ご連絡いたします」**など、学校としての丁寧な対応を約束して、少し時間をもらうようにするといいだろう。ただし、当然ながら約束した日時に、きちんと回答すべきことを忘れてはならない。

(3)　保護者対応のテクニック

保護者が学級担任を訪ねて来校された際に、話がうまくかみ合わずに長時間停滞してしまうことがある。その際は、他の教師が、「急ぎの電話が入っている」などと学級担任に声をかけ、一旦退席させるようにするといい。少し時間をおくことで保護者の気持ちが落ち着くことがある。その間に、学級担任は学年主任等に対応方法についての助言や判断を仰ぐのである。対応を誤らないことで、大きなトラブルを防ぐことができる。

時には結論に至らない場合もあるため、最初に話し合いの終了時間を決め、確認しておくことが必要である。時間になれば話を切り上げ、次回の話し合いの日程を確認するといい。

また、保護者に対して、お茶を出してもてなすことは効果的である。保護者を落ち着かせるきっかけにもなり、このおもてなしにより対立の場を対話に切り替えることができる。さらに、話し合いが長時間停滞してしまう場合には、「熱いお茶を入れてきます」と、お茶を入れ直すことで退席の機会をつくることも重要である。保護者の気持ちを切り替え、落ち着かせるきっかけにもなる。その間に、他の教師が保護者対応を行うことで、雰囲気を変えることができる。さらに、この機会に他の教師の助言を仰ぐこともできるのである。

あくまでも話し合いの場が大人の立場や保身のためにならないように、**話の中心には常に子どもを置く**ことが重要である点は言うまでもない。

⑷　学年・学級保護者会の役割

保護者の理解と協力を得る方法に、「保護者会」がある。学校全体や学年で開催するものもあるが、保護者の参加が最も多いのが学級保護者会（学級懇談会）である。

学級保護者会は、学級担任にとって、教育観や指導方法などを保護者に伝える大切な場である。内容を整理し、保護者が理解しやすいように準備しておかなければならない。学年主任は学級担任が安心して臨むことができるように、学年会（学年全教師で行う会議）で、事前打ち合わせを十分に行わなければならない。

学年会では、特に経験の浅い新採教師や若手教師のために、十分な支援が大切である。

①　事前に話題にしたい内容や学級担任からの質問等をまとめ、全員に回覧しておく（話し合いの見

通しを立てることができ、効率的に話し合いを進められる）。

②　担任が準備した保護者への配付資料を全体で検討・確認する。

③　保護者が出席して良かったと満足感を味わえるような、共通の話題やタイムリーな内容など魅力ある企画にする。

④　話が抽象的・専門的にならないよう、具体的でわかりやすい内容にする。話の進め方も学年会で確認する。

⑤　担任教師の一方的な話になったり、一部の保護者とのやり取りになったりしないよう、保護者の意見・質問を引き出すように心がける。

⑥　保護者の意見・要望は、メモを取り学級経営に生かす。回答できなかった内容については、学年会で確認する。また、担任教師からあがってきた問題点については、学年主任が集約し、校長への報告を忘れずに行う。

当日欠席の保護者に対しては、文書での報告を行うか必要に応じて家庭訪問をするとよい。

保護者会に臨むにあたっては、経験の浅い新採教師や若手教師が不安感をもったまま当日臨んだり、事後悩んだりしないように、学年主任を中心に学年教職員は側面から寄り添い励ますことである。

⑸　校長は最後の砦

保護者対応などにおいて、校長が直接応対し回答しなければならない場合もでてくる。校長は、学校の最高責任者であり、発した言葉が全てである。客観的・総合的に判断し、言葉を選びながら冷静に回答することが肝要である。言い直しはきかないことを肝に銘じなければならない。

2　「新型インフルエンザ」感染校における苦情対応と風評被害より学ぶこと

【要旨】
★危機管理対策としての「リスクマネジメント」（万が一の事案発生を想定した準備）が必要である。
★人間の心理として風評被害や差別が起こることも想定し、説明できるだけの学校対応策の備えをしておく。
★学校再開後には、子どもたちへのSC（スクールカウンセラー）による「カウンセリング」や「ストレスチェック調査」による個人面談が必要である。

(1)　感染当初の経緯と対策

「新型コロナウイルス感染症」の拡大防止のため「緊急事態宣言」が出され、学校は休校措置となり、児童生徒は家庭で辛抱する時間が続いた。

そこで、平成21年度を振り返ると、「新型インフルエンザ」が国内で流行しはじめ、6月6日、当時私が校長として勤務していた中学校の生徒の中から、福岡県内初の感染者が確認された。その日は体育大会前日（土曜日）で、21時頃、自宅への教育委員会からの電話でその事実を知り、教育委員会と協議して体育大会の延期を決定した。その後、教職員とＰＴＡ役員を学校に緊急招集し、当時、緊急メール送信等がなかったため、全家庭（保護者）と当日参加予定の来賓や地域の方への大会延期および今後の対応等についての電話連絡を手分けして行った。全ての連絡が終了したのは翌日の午前1時半頃であった。教職員とＰＴＡ役員の帰宅後、私は、早朝から想定されるマスコミ・関係機関等の対応に備え、学校に待機して準備を行った。

生徒には、翌日から7日間の休校措置と自宅待機を指示した。また、教職員には土・日曜日を含む休校期間中の出勤を指示した。私は、本事案発生の2週間前に、新型インフルエンザの生徒感染を想定した「危機管理対策」として、休校に備えた1週間分の家庭学習用プリント（5教科）を各学年で印刷し準備させておいた。また、保護者や地域向けの連絡用文書やメール送信の準備もしておいた。そのおかげで、休校初日には、学級担任が家庭訪問して学習プリントを郵便受けに届けることができた。さらに、その日から毎日、生徒の健康状態や家庭での様子を電話で確認した。また、生徒の自宅待機状況を確認するため、担任以外の教師とＰＴＡ、地域の方などで分担し、車5～6台による校区内パトロールを毎日4回実施した。

休校期間中、テレビ（全国放送）や新聞などでは連日、九州管内初の感染校として学校名が報道され、感染拡大を危惧する市民からの問い合わせが続いた。そのほとんどが風評被害とも言えるもので、事実とは異なる内容であったため、その説明に追われた。問い合わせの対応は校長と教頭で行い、他の教職員には生徒宅への連絡やパトロールを中心に行わせ、学校再開に向けた準備に集中させた。この苦情等の電話対応を教諭に一切行わせなかった理由は、国内の学校で連日苦情を受け、精神的に追い込まれて病気休暇に入った教諭が出た事例を知っていたからである。さらに、毎日数件に及ぶマスコミ各社からの問い合わせには校長が対応した。見解が少しでもずれると間違って受け止められたり、誤って報道されたりすることも考えられたからである。

(2)　学校への問い合わせと風評被害への対応

①代休日の生徒の行動

「休校のはずのお前の学校の生徒が、平日に博多駅や天神などの繁華街をウロウロしているが、どうなっているのか」「みんなに病気をうつす気か。しっかり指導しないか」

6月7日（日）は、福岡市内の中学校26校（約1万人）で体育大会を実施しており、準備日や大会当日の代休日がその週の平日だったため、市内の多くの中学生が繁華街に遊びに出かけていた。その中学生全てが本校の生徒だと決めつけた苦情であった。思い込みによる苦情の電話の多さには大変ショックを受けた。

「学校独自のパトロールはしないのか」

学級担任による家庭への本人確認の電話と地域のパトロールを毎日行っており、本校生徒が繁華街や校区内を出歩いている事実はまったくないことを伝え理解してもらった。

②休校中の部活動

「福岡市の陸上記録会の中で、おまえの学校の生徒名が陸上競技場の大型スクリーンに掲示され紹介されたが、現在、生徒は休校中ではないのか」
「なぜ大会に参加しているのか。学校の管理はどうなっているのか」

部活動についても、感染拡大防止のために、練習と大会等への出場を全面禁止していた。休校期間中の陸上記録会への不参加を、事前に中体連と大会本部に連絡していたにもかかわらず、陸上競技場の大型スクリーンと陸上記録会のホームページに学校名が掲載されていることを大会本部に強く抗議した。結果的に大会本部の消し忘れによることが判明し、苦情の電話にはその旨を説明し理解してもらった。多くの苦情が学校に寄せられたのと同時に、教育委員会へも同様の苦情が多数入ったため、学校同様の対応を依頼した。

③学校外のクラブチームの活動

「剣道の大会に参加し、おまえの学校の生徒と他校生数名が感染したというテレビ報道を聞いた」
「大会参加者にうつしたのではないか」

前述のとおり部活動については大会等への出場を禁止していたため、調査してみると、休校期間中に道場関係（クラブチーム）の県大会が開催されており、これについては、中学校の部活動とは異なるということで、保護者や指導者の自己判断により大会に出場していたことが後日わかった。

また後日、大会に参加した本校生徒1人の感染と、大会に参加した他校生3人への感染が確認された。それが本校の生徒による感染拡大とは明確には言えないものの、後日、感染した中学校（3校）の校長にお詫びの電話を入れた。また、テレビや新聞報道では、部活動の大会やクラブ活動と誤って報道されていたため、教育委員会を通じてマスコミ各社に、学校の部活動の大会ではなく、道場の大会に自己判断で参加していたことを伝えてもらった。その後は、外部団体によるクラブチームの出場ということで報道されていた。

学校とは直接関係のないクラブチームのこととはいえ、本校の生徒や保護者への風当たりは強かった。全校生徒が自宅待機中にもかかわらず、大会に出場したことは、学校全体のことを考えない残念な行動であったが、校長としては、生徒や保護者への自宅待機の指導の不徹底を反省することとなった。

④教職員の軽はずみな行動

「生徒には自宅待機をさせているのに、教職員が行動を自粛することもなく外部で食事をするなどもってのほかだ」
「その中から感染者が出た。校長はどう責任を取るのか」

休校期間中に本校の若手教職員8人が帰宅途中に飲食店で夕食をとり、翌日その中の1人の感染が確認されたものである。本校生徒や家族は自宅で自粛しており、危機管理意識に欠ける軽はずみな行動であった。教職員にも感染拡大の可能性を考え、行動の自粛を強く伝えていたつもりだったが、校長としての責任を痛感させられた。

また、残りの7人全員が濃厚接触者として、その家族も含めて感染拡大の可能性を考慮し自宅待機となった。あわせて関係者の家族全員の行動についても保健所から詳細な調査が入った。この件で休校期間が4日間延長となり、生徒や保護者に迷惑をかけることになった。そのうえ、出勤可能な教職員数が減り、他の教職員の負担増にもつながった。

■全校集会での生徒への謝罪

学校再開後の全校集会で、8人の教師と校長である私から、生徒への謝罪を行った。以下は、生徒への謝罪（文）の内容である。

> 生徒の皆さんには、学校より連絡があるまで、外出を自粛し自宅待機をするよう指導していましたが、この8人の先生が学校帰りとはいえ、飲食店で夕食をとったことについては、インフルエンザ拡大防止の点から、行うべきではなかったことであり、私からも厳しく指導をしています。この件については、生徒や保護者の皆さんにも心配をかけたり、嫌な思いをさせたりしたのではないかと思います。
>
> 学校の最高責任者である校長の責任であり、申し訳なく思っています。
>
> 皆さんには、校長として謝罪をします。迷惑をかけて、すみませんでした。
>
> 今後は、このようなことがないようにしますし、信頼回復に向けて、学級指導や教科指導、部活動の指導などで、頑張っていくことを教職員全員で確認したところです。
>
> これからは、先生たちも頑張りますので、本校がさらに良くなるよう、生徒の皆さんも協力し

てください。一緒に頑張りましょう。
よろしくお願いします。

このことについては、その日のうちに保護者や地域の方に伝わり、学校生活が一日も早く軌道に乗るよう学校を支えようということで、保護者や地域からの苦情はなくなった。後日、地域の方から、「全校生徒の前で8人の先生が一人ずつ謝罪し、さらに校長が頭を下げたのだから、これ以上は地域からは言わないようにしよう」という温かい心遣いがあったことを聞いた。

⑤感染した教師の通勤手段

「感染していたおまえの学校の教師が、同じバスに乗っていたことを考えると、感染しているかもしれない。どう責任をとるのか」

感染した教師が、自宅から地下鉄とバスを乗り継ぎ通勤していたことで、地下鉄の構内やバス停には、学校名と利用した交通機関の利用日・時間帯の張り紙が掲示され、同じ交通手段の利用者から、同乗していたことによる感染の心配からの苦情の電話が多数あった。この教師は、いつどこで感染したのかは不明であり、さらにその頃にはすでに福岡市内においても感染者の増加が確認されていた時期でもあった。たしかに、感染を危惧する気持ちはわかるが、本校の生徒や教師に対し、「バイ菌扱い」する人権を無視した内容の苦情には憤りすら感じた。

⑥保護者に対する休職命令

休校期間は、延長も含め11日間になった。生徒1人の感染確認による自宅待機措置から学校再開までに15人の感染者が確認されたが、いずれも軽度の症状で収束することができた。学校再開の時期には、国内における感染が拡大していたが、本校のように自宅待機や行動自粛を確実に行うことで、感染拡大は最小限で済むことが判明した。

また、休校期間中は、生徒の家族にまで影響が及んだ。感染拡大を危惧した職場から、多数の保護者が休職命令を受けた。感染者が出た当初は、新型インフルエンザの正体が不明であったことや感染力が高かったことへの対策とはいえ、自分の子どもが感染しているわけでもないのに休職を命令された。とくにパート勤務の保護者などは、その間は無収入であったと聞いている。さらに、「校区内に足を踏み入れると感染する」という噂が広まり、校区内のスーパーや飲食店などは人が極端に減った。また、地域内の住民を「バイ菌扱い」し、接触しないようにしようとする人権侵害ともいえる情報がインターネット上でも拡散された。

後日、感染者が出た経緯として、新型インフルエンザに感染した外国人旅行者が、校区内の飲食店で食事をした際に、周りにいた保護者や子どもたちへの感染につながったことが判明した。

⑶ まとめ

本件に関する主な苦情と風評被害を紹介したが、学校対応の不十分さもあり、これについては校長の責任だと考えている。

人間の心理としては、困難なときや不安なときこそ、皆で支え合おうとする意識をもってほしいものであるが、自分に悪影響が及ぶ場合、自己防衛本能が強く働き、本校の生徒や保護者、地域住民に対する風評被害や差別意識へとつながったのだと考える。自分さえ感染しなければ「よし」とする身勝手な考えが人の心理状態を狂わせるものだと改めて知ることになった。

学校再開後は、全校生徒に対し、「感染した生徒に責任があるのではなく、周りのだれが感染していてもおかしくなかったこと」を伝え、「感染したことで病院に隔離され、家族にも会えなかった生徒をねぎらう気持ちを忘れないようにする」よう話をした。さらに、この間の風評被害や差別事案に関しては、校内での人権学習につなげた。

また、感染した生徒には、SC（スクールカウンセラー）による「カウンセリング」を実施し、「心のケア」を図った。あわせて生徒全員へ「ストレスチェック調査」を実施し、必要に応じてSCの面談や担任による教育相談を行った。生徒への「調査」内容から、「自宅待機中、担任からの毎日の電話で励まされ安心することができた」ことを記入した生徒が多かった。職員室に、連絡用電話機（回線）を3機増設したことは、生徒の「心の安定」につながり有効であったと考える。

「新型コロナウイルス感染症」に関する長期の休校措置に対しても、担任からの電話連絡や子どもたちへの「ストレスチェック調査」と「カウンセリング」などによる「心のケア」が必要だと考える。

3 実践編

(1) 帰宅5分遅れに保護者からの強苦情

朝から、校長に呼ばれ校長室に向かうと、保護者（父親）とその友人の2人が、「岸川を早く呼べ」と、校舎の廊下の端まで聞こえるほどの大声をまくし立てていた。

私が校長室へ入ると、「昨日、子どもの帰宅が遅くなったために、外出する予定が狂ってしまった。どうするのか」という苦情であった。

具体的には、昨日の子どもから聞いていた帰宅時間が5分間遅れ、久しぶりに子どもと一緒に食事に行く予定で待っていた父親が、帰ってこないわが子のことを心配して、なぜ遅くなったのかと子どもに聞いたところ、その理由を、「部活動で終了時間が延びたため」と説明したことから、顧問教師の責任だという認識で、翌朝、学校を訪れたわけである。

そこで私は、校長室で父親の言い分を聞いたあとに、本校の部活動規定の最終下校時間を超過したわけではなく、部活動の指導のために通常の終了時間より5分ほど長引いたことを説明した。しかし、保護者は「なぜいつもどおり帰宅させなかったのか」の一点ばりで、なかなか理解を示さなかったわけである。私は、いつもの終了時間より遅れたことに対しては謝罪し、今後も指導によっては若干遅れることもあるが、最終下校時間だけは遵守することを説明した。

校長室では、最初、保護者がテーブルを叩いたり大声を出したりと緊迫した雰囲気だったが、保護者の話を最後まで聴き尽くしたあと、こちらの説明を丁寧に行ったことで、興奮は収まり理解を示され帰宅された。どのような内容の苦情であれ、相手の話を途中で遮《さえぎ》るようなことだけはしないように心がけていた。

翌日の朝、再度同じ保護者が来校された。

校長室に入ると、「昨日は、大声を上げ申し訳なかった」と保護者が頭を下げられた。

昨日、帰宅した子どもに、今日学校に行き、顧問の先生に苦情を申し立てたことを報告したところ、娘から、「日頃から部活動であれだけお世話になっている顧問の先生に、これくらいのことで、何で文句を言いに行ったのか」と、泣いて怒られました。そして、「顧問の先生に謝罪しなければ絶対に許さない」と、娘にきつく言われたので、朝一番で謝罪に来ましたということであった。

父親は、「子どもの言い分もよく聞かずに一人よがりであったことを反省している。また、学校が部活動の終了時間を守らなかったわけではなく、子どもたちの指導のために5分遅れたくらいで、文句を言ったことについては深く反省しており申し訳なかった」と謝罪された。

「今回の件で、娘が先生のことを信頼し、日頃から大変お世話になっていることがよくわかった。今後とも、よろしくお願いします」とおっしゃっていただき、保護者との人間関係を深めることにもつながった。さらに、保護者には、今後、部活動のみでなく学校教育にも協力してもらうようにおねがいし帰宅してもらった。

今回改めて、部活動においても行ってきた、子どもの良い点を認め伸ばす指導を中心に据えた、人間（信頼）関係づくりの重要性を再認識する機会になった。

苦情に対する基本的な考え方は、保護者を「モンスター」と呼ぶのはやめ、最も「重要なパートナー」

であるという認識をもつこと。次に、逃げずに「ピンチをチャンスに変える」くらいの強い信念をもち、より良い人間（信頼）関係づくりに心がけることである。

(2) わが子のために頑張っている親の姿（心ない陰口に対し）

A中学校で、生活補導主事に就いていたとき、学校内外で問題行動の多い男子生徒がいた。この生徒が問題を起こすたびに、地域や保護者からは、「あの子は、親がスナックで水商売をしているから問題を起こすのだ」とか「両親が夜の仕事のため、子どもをほったらかしで、しつけができていないからだ」などの声をよく耳にした。

そこで私は学級担任に、保護者との話は日頃からできているのか。また、これはプライベートなことで勤務時間外のことではあるが、そのご両親の職場（スナック）に行ったことはあるのかなどを尋ねてみると、問題が生じた際の家庭訪問と生徒指導で来校してもらう以外は、ほとんど話はしていないという回答だった。そこで、学級担任に了解をとったうえで、保護者の職場へ私一人で行ってみることにした。

店は従業員を使わずご夫婦だけで経営していた。保護者には、たびたび生徒指導で学校に来てもらっていたため、私は母親との面識があった。

店に顔を出すと、「子どもが、いつもお世話になっています」「いつも迷惑ばかりかけて申し訳ありません」など、謝罪の言葉で始まった。

私には気をつかわず、仕事をしていただくように促し、最後のお客が帰るまで、一人で待っていた。

店での接客の様子を見ていると、酔ったお客に対しては、丁寧に対応したり、お客の話をしっかり聴いてあげたりと、客が気持ち良く過ごせるようなきめ細かい配慮が見受けられた。

閉店の時刻になり、ご両親は子どもの話を始められた。

日頃から子どもに十分に関わることができていないため、仕事が終了し帰宅すると、まず子どもの朝食をつくり、家族で一緒に食事をしてから学校に送り出し、その後睡眠をとるようにしているということだった。また、学校行事へは、ご両親のどちらかが極力参加しているとのことであった。

最後に、母親が静かに「私たちが水商売をしているから、子どもが問題を起こしているとの噂があり、子どもに対して後ろめたい気持ちが強い」と涙を流して話された。また、父親は「いろいろな噂はありますが、私たちは子どものために精一杯頑張っています。夜の仕事だからだめだとは、言われないように努力しています」とのことであった。ご両親の子どもに対する気持ちがよくわかり、大変貴重な時間であった。

私は、次回は学級担任を連れてきますと伝え、その日は帰宅した。

翌朝、登校指導のため校門に立っていると、その生徒が通ったので、呼び止め昨晩の話をした。生徒は、私が店に行ったことをすでにご両親から聞いていた。

私は、彼に「お父さんとお母さんが、子どものためにと頑張っている姿を見て、本当に一生懸命であることがよくわかった」と伝えた。さらに、「水商売をしているから子どもが問題を起こすということはまったく関係ない」。今後、私が地域や周りの保護者からそのような話を聞いたときには、その内容を否定してご両親の頑張りを伝えることを約束した。

「ご両親は、あなたのために頑張っているので、心配だけはかけないようにしなさい」そして、「親の仕事のことを言われても、自信をもち胸を張って生活しなさい」と最後に伝えた。

その後、この生徒は問題行動をほとんど起こさなくなり、両親に迷惑をかけることもなく卒業することができた。保護者や生徒との人間関係（信頼関係）づくりに努めることで、解決の道が見えてくることがあるということである。

(3) 7段ピラミッドのやり直し

当時、私が勤務していた学校では、毎年1学期に体育大会を実施していた。これは、福岡市立中学校全体で期日を合わせて行っている学校行事であった。

3年生は、中学校最後の体育大会であるため、気合いの入った学校行事となっていた。私が勤務していた学校では、3年男子による「組み体操」を行っており、「7段ピラミッド」に挑戦していた。この7段ピラミッドは、後ろからの支えがない状態で7段をつくり上げる大変難しいものである。現在では危険を伴うため実施していない。

限られた時間で練習を行い、体育大会の本番に向けた予行会の中でチャレンジしたが、2回とも成功できなかった。

数日後の本番に向けさらに練習を重ね、いよいよ体育大会当日を迎えた。

この種目は、男子は上半身裸で行い、ケガをしないように気合いを入れるなど、緊張感の伴う競技となっている。

午前中の競技の中程で「組み体操」は始まり、いよいよ最後の見せ場である「7段ピラミッド」の番となった。

さあ成功するかどうか、保護者や地域の方も息をのむくらいに緊張感に包まれた場となった。全校生徒も大声で応援している。教師は、落ちてケガなどしないように、ピラミッドの周りで見守っている。ついに始まった。チャレンジ1回目は、残念ながら失敗であった。保健体育の教師が、「もう一度チャレンジします」と会場全体に伝え、トライしたが、きわどいところでまたもや潰れてしまった。指導した教師は、「これで組み体操を終わります。退場」と号令をかけ、3年生男子は退場していった。校長である私は、ストレスがたまり、何とも言えない気持ちになっていた。

生徒退場の直後、保健体育の教師を呼び、「もう一度チャレンジさせなさい」と言うと、「1・2年生も3年生が頑張っている姿は、しっかり目に焼き付いているので、来年度につながる演技ができましたし、時間の関係もあるので、もうこれで終わらせてもらいます」とのことだった。

それでも、私としては、再チャレンジをするように指示した。

ただ、この種目はケガにつながりかねない危険な種目なので、生徒のモチベーションを高めて、緊張感のある中で行わせなければならない。そこで、3年生全体の種目である「大縄跳び」の後に、「校長先生から話がある」ということで、私に振るように伝えた。

私は、朝礼台に上がり、3年生に問うた。「私は、7段ピラミッドが不発に終わり、ストレスがたまっている。みんなはどうか」そして、「もしも男子がもう一度チャレンジしたいという気持ちが強ければ、再チャレンジをさせようと思うがどうか」と尋ねると、「やります」「やらせてください」との大きな声が返ってきた。

「それじゃ、女子も応援するか」と聞くと、「応援します」との答えが返ってきた。

「子どもたちが、もう一度チャレンジすると言っていますが、保護者や地域の皆様、やらせていいですか」と来場者に問うと、大きな拍手が運動場に響き渡った。「では、午前の部の最後に行うので、身体と気持ちの準備をしておきなさい」と伝え、朝礼台を下りた。

そして、7段ピラミッドのみの再チャレンジを迎えた。1回目は、またもや失敗。最後にもう一度チャレンジさせた。3年男子の気合いの入り方は半端ではなかった。そして、みんなの祈りが通じたのか見事成功した。

生徒と教師の歓喜の声、保護者や地域の方も大成功を讃え拍手喝采であった。生徒の中には涙を流していた者もいた。

その直後、保護者が校長を呼んでいるとのことで、テント裏に行ってみると、3年生の保護者が10人ほど集まられていた。

「校長先生、再チャレンジさせてもらい、本当にありがとうございました」とその場にいた保護者全員が涙を流しながらお礼を言われた。

子どもが保護者と共に達成感を味わうことの大切さを痛感した瞬間であった。

Ⅲ

教師間のより良い人間関係づくり

1　教職員のメンタルヘルスの良い学校づくり

【要旨】

★「教職員の集団づくり」こそが、学校経営の鍵である。

★教職員の自尊感情を高め、気持ち良く生きがいをもって職務に専念できる学校文化が必要である。

★教職員が「チーム」として機能している学校は、教職員同士仲が良く、お互いに助け合おうとする協働体としての意識や行動が確立している。

★どんな攻撃や脅しに対してもぶれることのない校長の方針が必要であり、校長が盾となって教職員を守らなければならない。

教育現場では、病気休暇や休職を取っている教職員が増加している。その原因としては、生徒指導上の悩みや保護者対応、教科指導での行き詰まりなどによるものが多い。また、教職員同士の人間関係のストレスから心の病気になるケースもよくある。

しかし、私が勤務していた学校では、幸いにもそのような状況がほとんどなかった。そこで、その理由について自分なりに分析してみた。

(1)　校長は、学校組織のメンバー同士（教職員・保護者等）の信頼関係づくりとメンバーのやる気や情熱を引き出し、行動を起こさせなければならない

校長は、「生徒たちをどのような子どもに育てるのか」、また、そのために「教職員集団をどうまとめ、どのように学校を経営していくのか」などの学校経営方針（ビジョン）を、年度当初に教職員や保護者に説明すると思うが、その内容は、より具体的なものでなければならない。また、そのビジョンを達成するための手だても具体的に示さなければならない。

要するに、「このビジョンをいつまでに達成するのか」、また「どのような方法で達成するのか」などを明確に示す必要がある。そして、校長が示したビジョンや手だてに関しては、教職員が賛同し、納得のうえで取り組めるものでなければならない。

それを取り組むことで、子どもたちが変わりそうだとか、やりがいのある取組だと感じたときに、教職員が一つにまとまり、学校を変えるだけの大きな原動力になっていく。また、私は、ＰＴＡ活動の役員会や運営委員会、総会等でも、学校経営方針をできるだけ多くの保護者に具体的に説明するようにしていた。さらに、生徒に対しても、学校行事や全校集会等で話をし、地域の諸団体や住民に対しては、地域の会合や行事を通して説明するようにしていた。このビジョンの説明は、教職員同様、保護者や地域の方々、生徒たちの期待ややる気を高め、協力体制を確立するために大変重要である。

⑵　校長は、教職員個々の「力のベクトル」を一つに束ね、「教職員の集団づくり」を行うのが仕事である

ビジョンに組織的に取り組むためには、まずもって教職員同士の信頼関係を確立しなければならない。そして、ビジョンに取り組む者全員が情熱を持ち、前向きに取り組むことができるように、校長自身が情熱を発揮し、取組の先頭に立つことが必要となる。

さらに校長は、教職員それぞれの力のベクトルを一つに束ねなければならない。当然、教職員は経験年数をはじめ、経験した内容やレベルも一人一人違う。しかし、力量の違いがあっても、その一人一人の力のベクトルが一つに束ねることができれば、学校を変える大きな力となる。逆に、教職員一人一人が最大限に力を発揮していても、ベクトルがあちらこちらとバラバラに向いていたのでは、大きな力には到底なり得ない。最悪の場合、互いに力の引っ張り合いになり、力が打ち消されてしまいかねない。

また、教職員一人一人の能力を最大限に引き出し伸ばすことが重要である。そのためには、校務分掌や学年配属、学級担任などにおいて、適材適所の人材配置が必要となる。ただ、配置がうまくいっても、その教職員の力を伸ばす校長・教頭に指導力がなければ意味をなさない。教職員の中には、こだわりがあり、校長・教頭の指導がうまく入らない者もいる。そのような場合であっても、その教職員が納得する説明を行い、もっている力をより良い方向に伸ばすための指導を繰り返さなければならない。その際、管理職として意識しなければならないことは、日頃から**教職員の行動や言動にアンテナを張り、教職員の良いところを見つけて評価しようとする気持ち**である。子どもが学級担任に良い点をほめられたり評価されたりすると、元気になり自信をもって行動するようになるのと同じである。

教職員が自尊感情を高め、気持ち良く生きがいをもって職務に専念できる学校文化をつくることで、教職員の力のベクトルを一つに束ねることができる。ただし、多くの仕事を教師一人が抱え込んでしまうことがないように、助け合える教職員集団をつくらなければならない。

また、「教職員の集団づくり」の手だての一つになるかどうかはわからないが、私が校長として勤務していた学校では、体育大会などの学校行事の際、教職員全員で「オレンジ色のポロシャツ」を着て競技に臨んでいた。全員が、胸に「チーム●●」のネームを入れたお揃いのポロシャツを着ることで、チームの一員としての所属意識を高められるうえ、士気が上がり、全員が一つに団結する手だてになった。

(3) 校長には、学校経営方針の達成に努める生徒・教職員を守る責任がある

教職員に説明をして受け入れられた学校経営方針や組織づくりに対してだけではなく、自分についてくる教職員の生活と努力についても、校長は責任を負わなければならない。

学校経営方針に沿って取組を進めている教職員に対して、保護者や地域から、その指導等を批判された場合には、校長が盾になって教職員を守らなければならない。そして、その解決にあたっては、教職員個人の責任とならないように、校長が中心となり、学年の教職員や学校全体がチームとして対応することが重要である。

また、校内が荒れて大変な状況下で、子どもたちのために努力している教職員に対して暴言や暴力を振るう生徒等がいた場合には、校長が先頭に立ち、泣き寝入りしないように毅然と対処しなければならない。特に、生徒の暴力に対しては、警察に被害届を出すなどして、生徒自身が行った行動には自己責任をとら

せることを考えなければならない。その際、被害者である教職員を学校全体で守る体制をつくることも重要となる。生徒間暴力で被害に遭った生徒に対しても、同様に対応しなければならない。

どんな攻撃や脅しに対しても、ぶれることのない校長の方針が絶対である。最近では、家庭内の問題であっても、学校や学級担任の責任であるかのように苦情を申し立てる保護者がいるが、それに対しても学校としての見解をしっかり伝え、教職員を守らなければならない。

(4) 校長は、学校経営における失敗のリスクを負う責任がある

学校で新しい取組を始める際には、失敗のリスクを考えないといけない場合がある。失敗した場合に、教職員個人が責任をとらなければならないとなると思い切って取り組むことはできない。

そこで、校長には、教職員に信頼感を与え、成功に向けて思い切り取り組ませるためのリーダーシップが必要となる。教職員が成功に向け精一杯努力した結果失敗した場合でも、校長が責任をとり、その教職員を守る姿勢が必要である。

また最近は、生徒を指導する際の教師の発言や態度への保護者からの苦情が増加している。その場合、教師に問題があれば、教師本人が反省し改めなければならない。しかし、その最終責任は校長にある。日頃から、その教師に対して、校長がどのような指導をしてきたのかが問われることになるからである。その際、私は教師の発言や行動が、本当に子どものためになったのかを振り返るようにしている。子どものためではなく、教師である自分のことを優先するものであるなら、それは改めなければならない。あくまでも**我々教師は、子どもたちのために最も良いと考えられる方法を、プロとして行わなければならない。**

本書Ⅱ2でも記述しているが、私が勤務していた中学校で福岡県初の新型インフルエンザ感染が確認された。その数週間前に、他県のある高校で国内初の新型インフルエンザの感染者が出た。その高校の生徒たちは外出禁止になっていたにもかかわらず、繁華街で遊んだり、カラオケに行ったりしている場面がテレビ放映された。その際、感染拡大を危惧する市民からの問い合わせや苦情が高校に殺到し、それに対応した教師が、ストレスで病気休暇を取るようになったとの報道があった。そこで、その数週間後に、県内初の感染者が確認された私の中学校では、風評被害ともいえる苦情や問い合わせへの対応を校長である私が全て行い、教職員にはさせなかった。その結果、ストレスによる心の病気に陥る教職員は一人もでなかった。

(5) 校長は、取組の成功が認められたら、それを受け入れることが重要である

学校の荒れの状況を解消したり、新たな取組が子どもたちにとって有効なものとなった場合など、地域や保護者からの高い評価に対しては、校長の力ではなく、組織として動いている教職員全員の総力で勝ち取ったものであると考えるべきである。

しかし、生徒指導や保護者対応などで教職員に非がある場合は、校長としてその教職員を指導しなければならない。その際、他の教職員がいる職員室などで、大声を上げ指導することはあってはならない。それは、その教職員のプライドを傷つけ自信を失わせることにつながるからである。そういう場合、私はその教職員を校長室に呼び、個別に厳しく指導するようにしていた。そして校長室を出る際には、やる気を起こさせ、次の頑張りにつながるように話をしていた。

逆に、一人の教職員の頑張りが高い評価を得た場合には、職員室で皆に発表し、教職員全員でほめ称えるようにしていた。

つまり、生徒同様、教職員も自尊感情が高まらないと、自信を持ち情熱的に教育活動に取り組むことはできないと考えるからである。

また、私はできるだけ多く職員室へ足を運び、教職員に生徒のことや学級の様子、保護者対応、教職員の家庭のことなど、さまざまな話を聞いたり相談にのったりするようにしていた。これは、教職員のストレスや不安等をいち早く察知し、解消するためである。学級経営や生徒指導、保護者対応などの問題を、教職員が一人で抱え込むことがないように、悩みを学年の教職員に気軽に話すことができ、管理職に相談できるような環境をつくることが重要であると考えるからである。

以上のように、**「教職員の集団づくり」こそが、「学校経営」の鍵**になると言っても過言ではない。そして、教職員が「チーム」として機能している学校は、教職員同士の仲が良く、お互いに助け合おうとする協働体としての意識や行動が確立している。

2　ＳＳＷとＳＣとの連携を通した「チーム学校」の取組

⑴　「チームとしての学校」の取組

「チームとしての学校」を実現するために必要な方策の1点目は、教職員や専門スタッフなどが連携・分担し、それぞれの**「専門性を発揮できるチーム体制の構築」**である。多様な専門スタッフが子どもへの指導に関わることで、教職員のみが子どもの指導に関わる学校文化の転換をねらったものである。2点目は、**「学校のマネジメント機能の強化」**である。専門性に基づく「チームとしての学校」が機能するためには、校長のリーダーシップが重要となる。3点目は、**教職員一人一人が力を発揮できる「環境の整備」**である。そのためには、教職員の人材育成や業務改善等の取組の推進が必要となる。さらに、文部科学省は、12年ぶりの策定となる「生徒指導提要」改訂版（令和4年12月）を発表し、新たな方針を加えた。この4点目の方針とは、**教職員間の「同僚性」の形成**である。ここでは、互いの専門性や強みを生かして協働する関係である教職員の同僚性を強調している。それは、教職員の受容的・支持的・相互扶助的な人間関係であり、教職員のメンタルヘルスの維持とセルフ・モニタリングにつながる。

前述したが、平成23年（２０１１）4月に校長として赴任したＡ中学校は、数年前から、対教師暴力や器物損壊、生徒間暴力などが横行し、教職員や保護者、地域住民の指示にまったく従わない突出した生徒が数人おり、さらにその生徒たちに先導される者も多く、服装違反もはなはだしいうえ、授業や学校行事等が成り立たない状況にあった。そのため、保護者は、ＰＴＡ組織を中心に「見守り隊」を立ちあげ、毎日交代で校内巡回を行っていた。さらに、教育委員会からも指導主事が学校に毎日2人派遣され、生徒状況の観察と生徒指導など、教職員支援のために1年間常駐していた。そのようななか、ある生徒宅が「たまり場」になり、在校生や卒業生、他校生が多数集まり、喫煙をしたり、深夜に大声で騒いだりするなど、反社会的な行動が絶えず行われ、地域住民に多大な迷惑をかけていた。さらに、バイクを乗り回したり、ところかまわず花火をして大騒ぎするなどしていた。地域の方が子どもたちを注意すると、逆にくってかかられ、脅されることも多々あり、110番通報が絶えなかった。

赴任当初の地域の会合で、「校長は、すでにたまり場のことは聞いていると思うが、どのように対応し解消するつもりか、考えを聞かせてくれ」と、自治協議会会長をはじめとする多くの地域の方からたびたび質問を受けた。この地域は、ここ数年子どもたちから多大な迷惑を被ってきたことが察せられた。また、「たまり場」を解消できない大きな要因として、子どもたちの先導者が、たまり場（生徒宅）の保護者であった点がある。この状況を考えると早急な解決が必要だが、学校だけではとうてい解決できない問題でもあったため、赴任1か月後の5月に、**「たまり場解消のためのケース会議」**の開催を決定した。校長である私が会議のメンバーを人選し、本校配置のＳＳＷ（スクールソーシャルワーカー）と協議のうえ、手分けして参加者に趣旨説明を行い、第1回のケース会議の開催に至った。

⑵　SSW・SCとの連携

SSW（スクールソーシャルワーカー）とは、児童相談所や医療機関、行政機関と連携して貧困や不登校、いじめ、虐待など、子どもをとりまく問題を解決に導く福祉の専門家（社会福祉士・精神保健福祉士等）

である。学校と関係機関等との連絡・調整役も担い、問題を抱えた子どもの支援策について、教育委員会や自治体の生活保護課（ケースワーカー）等に参加を呼びかけ、ケース会議等を開催することができる。

また、**SC（スクールカウンセラー）**は、心理の専門家として児童生徒等へのカウンセリングを中心に、ストレスへの対処方法に資する教育プログラムの実施、児童生徒等の対応に関する教職員や保護者への専門的な助言や援助、さらにカウンセリング能力の向上を図る研修等を行っている専門職である。SSWが、多くの専門機関と学校をつなぐ役割を担う**「ネットワークの専門家」**に対して、SCは、心理学を基盤とした心を自分で立て直すための手伝いを行う**「心の専門家」**と言える。

学校改善のためには、まず、問題行動を起こしている生徒への対応を早急に行い、安全・安心な教育環境を短期間で確立するために、全教職員で取り組むことを確認した。生徒たちが安心して授業を受けたり、学校行事を行ったり、部活動に励んだりできる、本来あるべき学校の姿を取り戻すために全力を傾けた。

また、並行して、学校の荒れなどの影響により不登校となった生徒への学校復帰の対応を進めていった。その際、SCは不登校対応教員とともに家庭訪問を繰り返したり、生徒や保護者との面談（カウンセリング）を行ったり、学級担任と一緒に配布物を生徒宅に持参し、学校の様子を伝えたりしながら学校復帰への準備を進めていった。

⑶　ケース会議での「チームとしての動き」

ケース会議の開催にあたっては、学校が、たまり場になっている家庭内の状況や生徒・保護者の様子等を細かくまとめた。また、学校は、保護者の生活状況や問題点等で把握できる部分とできない部分がある

■「ケース会議」のメンバー

◆関係機関

1　警察署少年課
2　少年サポートセンター
3　保護司
4　区役所・生活保護課・生活保護ケースワーカー
5　区役所・子育て支援課
6　教育委員会・学校指導課
7　こども総合相談センター・こども支援課支援係

◆地域

・自治協議会会長　・民生委員

◆学校

・校長　・教頭　・生活補導主事
・生徒指導主事　・学級担任
・ＳＳＷ　・ＳＣ　・不登校対応教員

ため、把握が難しい部分に関しては、ＳＳＷに関係機関との連絡・調整および情報収集を任せることにした。

第1回のケース会議（5月）では、ＳＳＷが司会進行を務め、まず、学校が把握している生徒や保護者の状況（家庭・地域での様子）と本校の今年度の生徒指導上の方針等について説明を行った。また、各メンバーからは、親子関係や生育歴、生活保護費の不正使途、団地の家賃未納に伴う退去命令等の現状について説明を行ってもらい、情報共有や相互理解を図りながら議論を深めていった。たまり場の状況把握と生活保護費の使途については、生活保護ケースワーカーに正確な実態把握をしてもらうため、抜き打ちによる家庭訪問を依頼した。さらに、警察関係（少年課・少年サポートセンター）には、１１０番通報や地域等での指導内容について、子どもたちが関与した事案を累積してもらい、被害届が出た際には、該当生徒に自己責任を取らせる準備をするよう確認した。それぞれの関係機関が、独自の切り口で、第2回のケース会議開催（7

月）までに、たまり場解消のためにアプローチする内容を全体で確認し実動に移った。

その結果、各関係機関の働きかけが総合的に機能したことで、1年たらずでたまり場は解消した。また、生徒宅の保護者には、各関係機関が約束を取り付け、遵守することを条件に転居を許可し、生活保護費の受給日には、ケースワーカーとの面談を必ず行うこととした。当然ながら、以前のような110番通報はほとんどなくなり、地域からは安堵の声を聞くようになった。さらに、三十数人いた不登校の半数以上の生徒を、学級または学校復帰につなげることができた。これは、SCと不登校対応教員および学級担任による継続的な働きかけによるものと考える。ただ、たまり場や不登校生徒の状況把握に関しては、校内定例会を毎週行い、情報交換・共有を継続してきた。最終的に、**この「チーム学校」の取組は、日々多忙な教職員の負担軽減につながった**と考える。

(4) 生徒・保護者との人間関係づくり（面談による信頼関係づくり）

生徒数人が逮捕され関係機関へ入所した時点から、その保護者や家族からの学校に対する苦情がエスカレートした。「なぜ、子どもを警察に売ったのか」「絶対に学校を許さん」などといった内容で、卒業生やその保護者十数人が学校に怒鳴り込み、そのために学校業務が停滞し、110番通報をしなければならない場合もあった。関係機関に入所した生徒の保護者に対しては、今後のことを打ち合わせるために接触していったが、学級担任が連絡しても、電話に出なかったり、面談の予定を組んでも、当日キャンセルされたりすることが多く、話し合いは一向に進展しなかった。そこで、SSWやSCの力を借り、「こども総合相談センター」や「家庭裁判所」に協力を依頼し、学校と保護者の話し合いの場を、関係機関に設定してもらうようにした。その場には、校長、生活補導主事、学級担任が参加し、まずは学校と保護者との信頼関係づくりのための場とした。しかし、話し合いを重ねても、学校に対する不信感は払拭できなかった。それでも諦めずに、それぞれの保護者と十数回にわたって話し合いの機会を設け、学校の一貫した考えを伝えることで、少しずつ理解してもらえるようになっていった。これは、この話し合いを、**「生徒たちの将来について考える場」**としたからである。また、私は、生徒が学校に復帰する際には、今までできなかった中学生としての学校生活を少しでも取り戻すために支援していくことを約束し、本校で卒業式を迎え、卒業証書を手渡すことを強く願っていることを生徒や保護者に繰り返し伝えた。学校復帰の際には、校長より転校を促されるものと覚悟していた保護者もいたが、本校への復帰を告げると、安心した様子を見せ感謝の言葉が出てくるまでになった。こうした努力の結果、少しずつ心を開いてくれた。また、生徒が学校復帰する際には、学校の方針でもある服装違反や授業妨害などを一切許さない旨を説明し、保護者の理解を得た。彼らの学校復帰時には、学生服や通学カバン、靴等、全ての学校用品を新調し、新入生が登校したかのような新鮮ささえ感じるほどであった。復帰後の生徒たちは、学級へスムーズに入ることができ、学校体制が整った現状にみごとに溶け込むことができた。

これは、赴任以来推進してきた「人間関係づくり」の取組の成果でもあり、学級担任をはじめとする教職員の努力の積み重ねによるものである。なによりうれしかったことは、同級生を受け入れるまでに大きく成長してくれたクラスメイトたちの姿勢であり、彼らには今でも感謝している。

卒業式では、卒業生一人一人に卒業証書を手渡すことができた。この結果に至れたのは、教職員が「チームA」を合い言葉に一枚岩となり、チームとして、一つ一つ問題解決にあたってきた積み重ねがあったからだと考える。当時（２０１１年）は、「チーム学校」の言葉すら一般化していなかったものの、日頃裏方として目立たぬ存在である、ＳＳＷや生活補導主事、ＳＣや不登校対応教員が中心となり、関係機関や地域、保護者等と連携し、「チーム学校」としての機能を最大限に生かすことができたことが、学校再建につながったと考える。

(5)　数年後の卒業生の地域での様子

ある日の早朝、保護者が校長室に飛び込んで来るなり、次のような話をされた。

３年生になる自分の子どもが、夜間、地域をランニング中、塾帰りの生徒たちと出会い、コンビニエンスストアの前で長時間雑談をしていた。そこに以前、たまり場等で問題になった卒業生数人が仕事帰りで通りかかり、在校生と共に十数人で話をしていたところ、パトカーが来て全員が交番へ連行されたということだった。後日わかったことだが、住民が夜遅くに中高生がたむろしてよからぬことをしているのではないかと、１１０番通報したものだった。３年生の保護者は、子どもを引き取るために交番へ呼び出されたが、問題を起こしたわけでもなく、家庭で監督するように厳しく注意され帰宅させられた。また、卒業生も通りかかっただけということで帰宅させられた。

その卒業生が、帰り際に、在校生とその保護者に対して次のような話をしてくれたとのことだった。「自分たちは、Ａ中学校で先生たちには大変迷惑をかけた」「そのとき先生たちは、自分たちを見捨てず真剣に関わってくれた。だから、Ａ中学校の先生たちのことは信じていいので、指導に従い卒業するように」と。

その場にいた保護者は、在校中、学校にあれだけ迷惑をかけた卒業生から、この言葉を聞き、「現在、学校が落ち着いたのは、先生たちが生徒たちに真剣に関わってくれたからなのですね。今になってわかりました」と、感激したことを熱く語ってくれた。

3　教師間のより良い人間関係づくりのためのリーダーシップ

われわれのリーダーに対する認識は、「組織（チーム）のまとめ役」や「経験を積んだ上司」などではないだろうか。

⑴　リーダーシップのタイプ

リーダーとは「まとめ役」のことである。また、リーダーシップとは「人々の心を一つにする働きかけ」や「他の人々の考え、態度、行動に、影響を与える一つの過程である」と定義されている。役割を担っていてもいなくても、学校組織をまとめる人の行為をリーダーシップという。

学校には校長をトップとする数人のリーダーがいて、その判断や指導の下、組織として機能しており、企業同様、「リーダー（校長・教頭・ミドルリーダー）」と「フォロワー（その他の教職員）」という構図で成り立っている。

リーダーシップ理論としては、**特性理論**、**行動理論（ＰＭ理論など）**、**条件（状況）適合理論（パス・ゴール理論など）**、**コンセプト理論**と発展してきた。現在主流になっているのがコンセプト理論である。その中に**カリスマ型リーダーシップ**、**変革型リーダーシップ**、**サーバント型リーダーシップ**などがある。ここでは、個別の理論の解説は行わない、実際例に即して随時簡単に説明する。

●カリスマ型リーダーシップ

1970年代の校内暴力により学校が荒廃していた時期には、「この人なら」というカリスマ的で強靭なリーダー（校長・生徒指導主事・生活補導主事等、生徒指導能力が高く強いリーダーシップを発揮する教師）が一人学校にいるだけで、その学校は大きく荒れなかった。「カリスマ型リーダーシップ」が必要とされた時期だったといえる。

しかし、メンバーがリーダーに依存しすぎることで自主性を失ったり、次世代のリーダーが育ちにくくなるなどのデメリットがある。このタイプはリーダーに求められるさまざまな行動特性のうち、「全責任を取る」（「リスクをいとわない」）と、「成功は失敗のもと」（「現状の否定」）の優先順位が高い。

●変革型リーダーシップ

また、私は2010年代に、荒廃した状況（対教師暴力・授業妨害・服装違反・喫煙・バイクの無免許運転等）の学校に校長として赴任したが、その際は、早急な学校経営の変革が急務であった。赴任と同時に、新たな経営方針および課題解決の具体策を教職員に確認、それによって教職員の総力（チーム力）により短期間で正常化を図った。「トップダウン」による学校経営（「変革型リーダーシップ」）である。

この「変革型リーダーシップ」は、早急な組織の変革が必要な場合に、スピード感をもって推進することができるメリットがある。子どもや教職員の安全・安心な教育活動を保証するために急を要する場合には、このような対応も必要不可欠である。経営危機に際して要請されるカリスマ型リーダーシップに近いが、ビジョンや連帯チーム、全員参加が重要だとする点が特徴といえる。

●サーバント型リーダーシップ

さて今後は、リーダーシップはリーダーにのみ必要というのではなく、教職員全員が自分自身の中にあるリーダーシップを磨き確立させるという「新しいリーダーシップ」を強く意識することが必要だと考える。もちろんミッションやビジョン、意思決定や最終責任は校長が取るべきだが、全ての判断をリーダーに委ねるのではなく、判断を教職員一人一人に任せ、その力を最大限に発揮させることを目的とするタイプである。

これは、最近、教育現場でよく耳にする「サーバント型リーダーシップ」の考えの一つである。このタイプの長所は、リーダーが周りの意見を傾聴し物事を進めるため、教職員は指示待ちではなく、自ら思考し主体的に行動できるようになること、リーダーは教職員への支援を重視するため、双方向的なコミュニケーションを行う必要があり、信頼関係が形成されることである。リーダーがコミュニケーションをとりやすい存在になることが最も重要である。反面、指示や命令による形を取らないため、思い切った組織変革がしにくく、変革のスピードが遅いというデメリットがある。

(2)　リーダーの育成法OJT

学校のリーダーとして、教員にリーダーシップを身に付けさせるためには、日頃からどのような積み重ねが必要だろうか。次に紹介するのは、リーダーシップ理論のうち、「条件（状況）適合理論」の中で代表的な「パス・ゴール理論」を踏まえた実践である。この理論ではリーダーシップ行動は、指示型・支援型・参加型・達成志向型の４つに分類される。以下は意思決定に教員を参加させる「参加型」の例である。

●もし自分がリーダーだったらどうするか

学校では、週1回運営（企画）委員会を開催し、校長を中心に教頭、ミドルリーダー（主幹教諭、主任・主事等）数人により、学校運営全般に関する提案と協議、確認を行っていた。校長は会の運営や実践を通して、運営委員会のメンバーにリーダーとしての能力を育てるように指導・助言を行っていた。

① 教頭には、教頭としての職務遂行に専念するとともに、自らが自校の校長になった場合のことを想定して、課題解決のための対応策や計画を常に考え、必要に応じて校長に進言すること、および職員会議や朝礼等での校長の発言内容を、自分であればどのような切り口で話すかなどを、常にシミュレーションするように指導する。

② 主幹教諭や主任・主事等のミドルリーダー（経営方針を提示するトップリーダーと実働する教職員とをつなぐパイプ役）にも、自らが自校の教頭になった場合のことを想定し、課題解決の具体策や教職員への指導方法等を考えさせ、折に触れ各々に考えや意見を求め、指導・実践させる。

③ さらに、学校経営において新たな課題が見つかった場合には、運営委員全員にその解決策（案）をA４一枚にまとめさせ、１週間後の運営委員会で提案・協議の機会を設ける。

●学校通信・授業研究

また、校長として学校通信を月2回程度発行した。内容は、直近の学校行事と子どもの様子、保護者への連絡やお願い、今後の月行事などである。ここでは特に、保護者と子ども本人に写真掲載の了解をとることと、子どものクラス名・氏名などに誤りがないように努めた。発行前に運営委員全員（教頭・ミドルリーダー）に原稿を配布してチェックを依頼した。記載内容には校長としての感想や考察等も含まれるため、校長になったつもりで点検をお願いした。この結果、校長に気兼ねなく記載内容について指摘できる環境をつくることで、相互のコミュニケーションを図るうえでもプラスにはたらいた。

校内の授業研究では、授業づくりや指導案作成に関する授業者への個別指導をミドルリーダーに任せている。その際は、まず授業者の工夫点や努力点を洗い出してほめ、次に「この授業をさらに良くするためには」という視点で丁寧に指導する。そうすることで、授業者は納得して、意欲的に授業の改善に取り組むことができる。

●基本的な姿勢・心がまえ

トップリーダーが意識しなければならないことは、できるだけ口をはさまず、答えを簡単には出さずに**「仕事を任せる」**ことである。一歩下がって教職員の背中を押し、主体的に課題に取り組む姿を見守ることである。

また、学校組織をとりまく環境は常に変化するため、教頭やミドルリーダーには、現状に常に目を向け、たえず問題意識をもつように意識させる。「失敗は成功のもと」と言うが、失敗の経験を学校経営に生かすことは当たり前のことである。（前任者の）学校経営が成功しているからと、安易に継続し安心していると、思わぬ落とし穴にはまることがある。現状に満足せず全ての前例を疑い、細かく状況の変化等を見極める力と判断力が要求される。油断せずに**『成功は失敗のもと』を意識する**ことが重要である。

学校組織を運営するためには、校務分掌や学年配属、学級担任などにおいて、適材適所の人材配置が最も効率良く学校を機能させるための方策である。しかし、教職員のリーダーシップを向上させ、リーダーへと育成するためには、自己の能力とは多少かけ離れ、不得意な分野であっても、チャレンジさせることも考えないといけない。

(3) 仕事を任せることと「報告・連絡・相談」とトップの責任

どんな組織でも「報告・連絡・相談」が大事だといわれる。はたして所属校においては確実に行われているだろうか。リーダーは教職員に仕事を任せ、見守り、必要に応じて支援する。支援のためにも、「報告・連絡・相談」は欠かせない。仕事を任せることとトップの責任、任せられた仕事と「報告・連絡・相談」の関係はどう考えたらいいだろうか。

●「報告・連絡・相談」すべきか

以下は学校訪問した際に、とある校長から聞いた話である。

若手教師が年度当初、学級担任としてAさん宅へ通常の家庭訪問を行った。その際、母親からここだけの話ということで、父親による子どもや自分に対する暴力（DV）が毎日続いており、最近エスカレートしている、との話を聞いた。母親は、そのつらさを涙を流し打ち明けられたそうであるが、自分が辛抱すれば済むことだからと、絶対に他言しないよう強く訴えられた。そのため担任教師は、その後も、管理職や学年の教師には一切報告をしなかった。

数日後、地域の民生委員が慌てて来校された。Aさん宅で毎晩父親が大声を上げ、家族に暴力を振るっているようだと昨晩ご近所の方が警察に通報し、父親は連行され、母子ともに保護されたとの情報を伝えに来たという。

民生委員は当然この情報は校長も把握しているものと思っていたが、校長は全く把握していなかった。学級担任を呼ぶと、母親より他言しないようにきつく言われていたので報告しなかったと述べた。関係機関の情報によると、たまたま死亡するような事件にはならなかったが、体中に暴行のあざが多数あり、今は父親から隔離され落ち着いているとのことであった。

このような場合、学級担任はどうすればよかったのだろうか。この事例は、対応が遅れれば生命に関わることでもあった。ゆえに、学級担任は少なくとも時間を空けずに校長へ報告すべきだった。もちろんこの校長も、このことを丁寧に指導していた。

教職員の主体性に任せるとはいえ、学校の最終責任者は校長である。校長への「報告・連絡・相談」は必ず行い、最終判断は校長の責任のもとで行わなければならない。

●仕事を任せる時のトップの責任

教育委員会等の学校訪問の際、教職員の様子や生徒指導事案・事故などの詳細について聞かれ、「その件は教頭に任せています」「学年主任の確認が不十分だったから」「報告がなかったので」などと言い訳する校長がいる。

他の教員に仕事を任せるのはいいが、校長は全ての内容を100％把握していなければならない。この校長は自己の責任を放棄していることになる。このような校長は、教職員からも子どもや保護者、地域からも信頼を得ることはできない。

年度当初に学校経営方針を校長は提示する。学校を大きく改革しようとする際には、失敗のリスクもある。多くの教職員はひるむだろう。そこで校長は、明確なビジョンを示し、その実現のために思い切った行動をとる心構えと、**「何か起きれば、責任は全て自分にある」**というリスクを背負う覚悟が求められる。このリーダーの覚悟は教職員にも伝わる。当然、失敗した場合には、何らかの形で後始末をつけなければならない。

校長が提示したビジョンに組織的に取り組むためには、まず教職員同士の信頼関係が確立していることが必要である。そして、全員が情熱をもち、前向きに取り組めるように、校長が取組の先頭に立って行動すべきだ。さらに校長は、教職員一人一人の力のベクトルを一つに束ねなければならない。ベクトルがバラバラでは、大きな力にはなり得ない。

また、リーダーは、日頃から教職員の行動や言動にアンテナを張り、教職員の良い点を見いだし評価しようとする前向きな姿勢が求められる。教職員が自尊感情を高め、気持ちよく職務に専念できる学校文化があれば、教職員一人一人の能力を最大限に引き出し、教職員の力のベクトルを一つに束ねることができる。

ただし、多くの仕事を教師一人が抱え込んでしまうことがないよう、助け合える教職員集団をつくることが大切である。

⑷　リーダーの心得

リーダーの心得を列挙してみよう。

①人前で教職員の悪口を言わない

学校組織は、教職員のチーム力で成り立っている。教職員一人一人は経験年数も指導力も考え方もさまざまである。リーダーには、どんな教職員にもリーダーシップを身に付けさせる使命がある。だが、（厳しく指導することは必要だが）人前や学校外で悪口を言ってはならない。悪口は回り回って本人の耳に入る。たとえその本人の力不足であっても、悪口を言うことは、指導力がないことを自分で認めているようなものだ。そのうえ、周囲からもリーダーとしての信頼を失い、教職員集団に亀裂が入り、結果的に学校経営にも悪影響を及ぼすことになる。

②心身ともに元気であること

トップリーダーは責任を取らなければならないことも多く、悩みも多いものである。しかし、学校経営や保護者とのトラブル等で苦労しているからといって、校長が元気なく沈んでいれば、教職員に伝わり、生徒や保護者にも感じ取られてしまう。意気消沈したリーダーは、教職員にエネルギーを与えることはできない。どんなに大変な状況でも、学校の先頭に立つトップリーダーは、明るく元気でなければならない。

私は、どんな大変な時でも、**「プラス思考」**で物事を考えるように努力してきた。**「ピンチはチャンス」**と捉えることが重要である。また、自分なりのストレス発散方法を見つけ、気持ちの立て直しを図ることも大切になる。

③教職員を大声で怒鳴らない

校長や教頭が、職員室で皆がいる前で、教師を大声で叱責する場面に遭遇した経験のある教師もいるだろう。

生徒指導や保護者対応等で確かに指導に問題があり、その教師を指導しなければならない場合がある。その際、他の教職員がいる職員室等で叱責してはならない。プライドを傷つけ、自信を失わせ、かつ周りの教職員には見せしめにしか見えない行為となる。

そうした時、トップリーダーは、**自分自身の指導力不足に起因している**ことを素直に認め、反省すべきである。私はこのような場合、その教師を校長室に呼び、個別に話をするようにしてきた。考えや理由を聞き、こちらの考えを丁寧に説明する。話の最後には、その教師の良い点をほめ、次の頑張りへつながるようにしてから職員室へ戻すのである。

④学校の高評価を自分の自慢にしない

学校の荒れの状況を解消したり、新たな取組が成果を上げている場合など、地域や保護者からの高評価を得ることがある。その際、トップリーダーの力を評価する声を聞くことがある。だが、それは教職員一人一人の総力で勝ち取ったものであることを声を大にして伝えるべきである。リーダーたるもの、人前で自分の力を誇示すべきではない。

また、教師個人に地域から感謝の声や高評価を得た場合は、職員室で皆に紹介し、教職員全員でほめ称えるようにする。その結果、その教師は自尊感情が高まり自信にもつながり、今まで以上に情熱的に教育活動に取り組むことができるようになる。

⑤「将来」を見据える視点をもつ

トップリーダーは、将来、教頭やミドルリーダーがトップリーダーとして活躍するために、学校経営におけるビジョン構築力を育成しなければならない。そのためには、日常的に次の三つの視点で学校経営を捉える意識をもたせるといい。すなわち、㋐部分ではなく**「全体」**を把握する視点、㋑現象ではなく**「本質」**を見極める視点、㋒現在ではなく**「将来」**を創造する視点、である。目の前の課題解決も重要だが、子どもたちの目指す姿をイメージしながら、将来を見据えることが重要になる。さらに、国の動向や新たな政策等も十分に把握し、見通しをもって将来像を考えなければならない。

⑥リーダーにこそ必要な「自己肯定感」

リーダーがバックボーンとなる自己肯定感をもてていないと、自己保身や管理主義に陥りやすく、そのため教職員の失敗も許すことができず、強く叱責してしまう。自己肯定感の高いリーダーは、教職員を信頼でき、仕事を任せることができる。その結果、周りからも信頼され学校経営がスムーズに進展する。

おわりに

このたび、退職後に2冊目の単著を出版することができました。

教職37年間は、多くの先輩の先生方のご指導や、同じ学校や教育委員会事務局等でともに奮闘してきた多くの同僚の先生方に支えられながら無事終えることができました。

さらに退職後に、4年間の福岡市教育センター（研修指導員）での学校現場の指導および福岡教育大学・九州栄養福祉大学での学生への指導を通して、多くの学びと収穫を得るとともに自分自身の成長に繋げることができています。福岡市教育委員会と大学関係者の皆様には、感謝の気持ちでいっぱいです。

今回完成した本書が、学校現場で奮闘し活躍している教育関係者や今後教職を目指す皆様のお役に少しでも立つことができれば幸いです。そして、最終的に子どもたちのためになればこれほど嬉しいことはありません。


最後になりましたが、本書の出版につきまして、株式会社ぎょうせい九州支社の永野宏二郎氏をはじめとする関係者の皆様には、何度も自宅に足を運んでいただき、編集等で大変なご苦労をおかけしました。ぎょうせい本社および九州支社の関係者の皆様には、心より感謝申し上げます。

また、本書の出版にあたり、「人間関係づくり」に関する執筆原稿を、『指導と評価』（教育月刊誌）にたびたび掲載していただきました、日本図書文化協会の工藤彰眞氏をはじめとする関係者の皆様には、この場をお借りして感謝申し上げます。

さらに、長い間、私の教師生活を支え、退職後の現在も好きなようにやらせてくれている妻に感謝します。本書がこれまでお世話になった多くの皆様への恩返しになれば幸いです。さらに、今後も教育に関連する仕事で、少しでも長くお役に立つことができればと考えているところです。

岸川　央（きしかわ　ひろし）

【勤務経歴】
①福岡市立三宅中学校（10年）　教諭（生活補導主事3年）
②福岡市立席田中学校（6年）　教諭（生活補導主事4年）
③福岡教育大学附属福岡中学校（6年）　文部教官・教頭
④福岡市立板付中学校（3年）　教頭
⑤福岡市教育委員会（4年）　主任指導主事・中学校教育係長・学校指導係長
⑥福岡市立板付中学校（3年）　校長
⑦福岡市立長尾中学校（5年）　校長（福岡市立中学校校長会会長）
⑧福岡市教育センター研修・研究課（4年）研修指導員・室長
⑨国立大学法人福岡教育大学（7年目）　非常勤講師【教職実践演習、部活動運営・指導論】
⑩東筑紫学園九州栄養福祉大学（4年目）　非常勤講師【総合的な学習と特別活動】

○執筆関係
■出版本
（共著）
「豊かな人間性を育む総合学習の実践」（黎明書房）附属中学校教育研究会著
「改訂中学校学習指導要領の展開・総合的学習編」（明治図書）山極隆共著
「21世紀中学校新教育課程のコンセプトマップ解説4・総合的な学習の活動プラン」（明治図書）山極隆共著
「ポートフォリオで評価革命」（学事出版）鈴木敏恵共著
「中学総合学習開発事例集・第2集」（東京法令出版）澁澤文隆共著
「21世紀の高校　生きる力はITで」（学事出版）鈴木敏恵共著

「こうすれば　学力は伸びる」（ぎょうせい）谷友雄・元兼正浩共著

（単著）

「教育の責任」（ぎょうせい）岸川央著

■主な教育雑誌（教育論文等）

・「楽しい理科授業」（明治図書）
・「授業研究21」（明治図書）
・「高校教育」（学事出版）
・「現代教育科学」（明治図書）
・「指導と評価」（図書文化）
・「総合的な学習を創る」（明治図書）
・「学校運営研究」（明治図書）
・「日本教育新聞」（日本教育新聞社）
・「月刊プリンシパル」（学事出版）

他多数

今、学校に必要な人間関係づくり
～児童生徒や保護者および教師間のより良い関係を目指して～

令和５年３月31日　第１刷発行

著　者　岸川　央

発　売　株式会社　ぎょうせい
本部　東京都江東区新木場1-18-11　〒136-8575
フリーコール　0120-953-431
URL：https://gyosei.jp

ISBN978-4-324-11268-7
（5300328-00-000）
〔略号：学校人間関係〕